지구를 위한 법학

지구를 위한 법학

인간중심주의를 넘어 지구중심주의로

초판 1쇄 발행 2020년 7월 10일
초판 3쇄 발행 2025년 5월 2일

지은이 강금실 외 7인

펴낸곳 서울대학교출판문화원
주소 08826 서울 관악구 관악로 1
도서주문 02-889-4424, 02-880-7995
홈페이지 www.snupress.com
페이스북 @snupress1947
인스타그램 @snupress
이메일 snubook@snu.ac.kr
출판등록 제15-3호

ISBN 978-89-521-2944-4 03360

인간중심주의를 넘어
지구중심주의로

지구를 위한 법학

강금실 외 7인

서울대학교출판문화원

차례

제3부 지구법학의 적용

서문

지구법학Earth Jurisprudence, 지속가능한 미래를 향하여

강금실

◇◇◇◇

지구법학(Earth Jurisprudence)은 21세기 초에 새로 제안된 법과 거버넌스의 전환 이론이다. 현재의 법체계가 산업문명이 초래한 전대미문의 생태 위기를 막지 못했고 도리어 심화·확산시키는 데 일조했다는 문제의식에서 출발했다. 법적 권리주체의 측면에서 인간만을 상정한 현재의 법체계를 넘어 지구상의 생명체계로 범주를 넓혀서 법의 틀을 새로이 구성해보자는 것이 그 핵심 요지이다. 미국에서는 로스쿨 커리큘럼으로 채택돼 교육하는 사례들이 있고, 그 외 전 세계적으로 자연의 권리(The Right of Nature) 운동과 교육문화운동으로 확산되고 있다. 자연의 권리 운동은 2016년 이후 급증하는 추세이고, 2017년 뉴질랜드 황거누이강의 권리를 인정한 의회 입법과 같이 법제화되는 사례들이 속출하고 있다. 우리나라에서는 아직 낯설지만, 최근 생태 문제와 기후 위기(Climate Crisis)에 대한 인식이 퍼지면서 점차 관심을 보이고 수긍하는 분위기가 형성되기 시작했다.

2015년에 유엔이 향후 30년간의 지속가능발전 목표(SDGs: Sustainable Development Goals. 17개 목표, 169개 세부 목표 항목)를 채택하고 파리기후협약이 타결된 후 우리나라에서도 지속가능성과 기후변화에 대한 정부와 대중의 인식이 일반화됐다. 그런데 2018년 유엔 산하 정부간기후변화협의체(IPCC)에서 현재의 속도라면 2030년과 2052년 사이에 지구온난화의 마지노선인 상승 기온 1.5°C를 초과할 것으로 예상

되며 2050년까지 지구온난화의 주원인(약 60%)인 탄소 배출 제로를 달성해야만 한다는 보고서를 발표했다. 심지어 전문가들은 우리에게 향후 10년의 시간이 남아 있을 뿐이라고 지적한다. 그 무렵부터 유럽에서는 10대 청소년들이 기후 위기에 대한 항의시위를 시작했고, 대멸종(Mass Extinction)에 저항하는 대규모 활동과 시위가 일어났다. 2019년 5월 1일에는 약 300년 전 산업혁명의 진원지였던 영국에서 의회가 기후 비상사태 선언(Climate Emergency Declaration)을 했다. 이 선언은 한 시대의 마감을 알리는 상징적 사건이라 할 수 있다. 2019년 9월 안토니오 구테헤스 유엔 사무총장은 각 나라가 2050년까지 탄소 배출 제로를 달성하기 위한 실질적 방안을 제출하는 기후행동 정상회의를 소집했다.

20세기 초부터 석유화학산업에 힘입어 급격하고 가파른 경제성장과 규모 확장을 가져온 산업문명은 우리의 존재근거인 지구 자체를 파괴하고 우리 자신의 존립을 위태롭게 하는 자멸적 남용을 내포하고 있었던 것이 이제 부정할 수 없는 진실로 드러났고, 유례없는 파국의 위험으로 우리의 미래를 가로막고 있다. 현재의 상황을 올바르게 인식하여 모두가 각자의 자리에서 최선을 다해 협력하고 다음 세대로 지속가능한 미래를 열어갈 책임을 뼈저리게 느껴야 할 시기라 할 수 있다.

2001년에 지구법학을 처음 제안한 미국의 문명사상가 토마스 베리(Thomas Berry)는 인간의 문명이 지구상에 만개한 지금의 지질학적 시대인 신생대는 대멸종 등 인간이 책임져야 할 원인(지질학적·화학적·생물학적 지구의 변형과 파괴)으로 인해 끝나가고 있다고 보았다. 이는 최근 국내에서도 공유되고 있는 인류세(Anthropocene) 논쟁과도 맞닿아 있다. 토마스 베리는 신생대를 넘어 생태대(Ecozoic Era)를 열어가는 게 우리 모두의 책임이며 또 유일하게 지속가능한 미래로 가는 경로라고 주장했다. 새로운 생태대의 문명 거버넌스는 산업문명시대의 인간중심주의(Anthropocentrism)가 아니라 지구중심주의(Earthcentrism)를 기초로 설계되어야 하며, 이것을 위한 철학적 원리가 지구법학이다. 지구법학의 관점에서는 법과 거버넌스에서 보호받고 권리를 누리는 주체를 인간뿐 아니라 지구 전체 생명으로 확대하고, 헌법은 인권헌장이 아니라 지구헌장(Earth Charter)을 기초로 구축되어야 한다고 본다. 인권은 모든 존재(Every Being)의 권리로, 민주주의(Democracy)는 생명민주주의(Biocracy)로, 국가연합(United of Nations)은 종의 연합(United of Species)으로 발전적인 전환을 해야 한다는 것이다.

지구법학은 과학의 발전으로 알게 된 새로운 사실들, 현대의 우주론과 진화적 과정을 통해 형성된 행성 지구 생명들의 연속성(Continuity) 및 통합성(Integrity)을 근거로 한다. 현대의 과학을 수용해서 법체계의 원리를 재구성하는 새로운 시도이기도 하다. 인간만을 주체로 설정하고 그 외 모든 존재가 객체(물건)로 취급되는 근대 법체계는 이미 과학에서 극복된 17세기 기계론적 세계관의 영향을 받아 형성된 것으로 이제는 지양되어야 한다는 것이다. 과학으로부터 끌어내는 지구 생명 존재의 권리 선언이 지구헌장의 기초인데, "존재할 권리(the right to be), 서식할 권리(the right to habitat), 지구의 진화에 참가할 권리(the right to fulfil its role in the ever-renewing processes of the Earth community)"가 그 핵심 요소이다.

유엔 차원에서는 2009년부터 진행되어온 하모니 위드 네이처(Harmony With Nature) 프로그램이 2012년 자연의 권리를 유엔의 공식문서로 인정받았고, 2016년부터 SDGs 목표 12. 세부 목표 12.8. "소비와 생산 양식의 자연과의 조화"를 주제로 지구법학을 다루기 시작해서 해마다 보고서가 나오고 있다. 유엔은 현재 각국의 진행 상황을 연결하고 통합하는 역할을 하고 있다. 2016년 보고서에서는 지구법학의 8가지 범주로 "지구중심적 법, 생태경제학, 교육, 전일적 과학, 인문학, 철학과 윤리학, 예술·미디어·디자인과 건축, 신학과 영성"을 제시했다. 국내에서는 2015년 창립된 지구와사람 소속 지구법학회에 환경법 전공학자, 헌법과 경제법 전공학자, 사회학자, 변호사 등이 참여해서 법 중심의 지구법학 연구와 확산에 힘써왔다. 2015년 3월부터 사단법인 선과 공동주최로 대한변호사협회 인정 연수 프로그램인 지구법 강좌를 연 4회 정기적으로 개최해서 다양한 생태적 주제들을 다뤄왔다. 2016년 4월에는 유엔 지구법학 온라인(Virtual) 대화에 참여했다. 또한 세계 최초로 지구법학을 다룬 『야생의 법』(*Wild Law*, 코막 컬리넌)과 법의 생태적 전환을 다룬 『최후의 전환』(*The Ecology of Law*, 프리초프 카프라 & 우고 마테이)을 번역 출판했으며, 또한 지구와사람의 연례 콘퍼런스를 통해 지구법학에 관한 연구 발표를 계속해왔다. 2019년엔 뉴질랜드 오클랜드대학의 클라우스 보셀만(Klaus Bosselmann) 국제환경법 교수와 유엔의 하모니 위드 네이처 프로그램 코디네이터 마리아 산체스(Maria Mercedes Sanchez)를 초대해서 지구 거버넌스(Earth Governance, 환경 수탁자로서의 국가의 책임)와 유엔의 지구법학 관련 활동 동향에 대해 국내에 소개하는 기회를 가졌다.

이 책은 지구법학회 활동을 해온 전문가들이 기본 교재로 사용하고자 공동으로 집필한 지구법학 입문서이다. 아직 많이 미숙하며 갈 길이 멀고 계속 개척해야 하는 영역이라서 염려가 있지만, 그동안 공유했던 고민을 독자들과 함께 나누고, 독자들이 지구법학을 이해하는 데 이 책이 조금이라도 도움이 되기를 기대해본다. 더 나아가 많은 이들이 지구법학에 대해 적극적인 관심을 갖고 연구와 활동에 동참하는 계기가 되기를 바란다.

제1부

지구법학이란 무엇인가

제1장

지구법학의 사상적 기원

토마스 베리의 지구법학론

박태현

◇◇◇◇

들어가며:
지구법학, 그 낯선 개념이 주는 매력 혹은 당혹감

지구법학(Earth Jurisprudence), 한국 사회에서는 상당히 낯선 개념이다. 지구법학은 경제법(학)이나 토지법(학)처럼 법학의 어느 한 분야를 일컫는 것일까. 아니면 'Jurisprudence'라 하니 법철학 분야에 속하는 어떤 학문을 말하는 것일까. 위키피디아에서는 지구법학을 다음과 같이 정의하고 있다.

> 인간은 더 넓은 존재 공동체의 한 부분이고, 그 공동체에 속하는 각 성원의 안녕은 전체로서 지구의 안녕에 의지한다는 사고에 토대를 두고 있는 '법과 인간 거버넌스에 관한 철학'

일단 이 정의로부터 우리는 지구법학은 법에 관한 어떤 철학(체계)을 일컫는 용어라고 짐작할 수 있다.

한국 법학계에도 아직 낯선 지구법학은 남아프리카공화국 출신 변호사인 코막 컬리넌(Cormac Cullinan)의 저서 *Wild Law: A Manifesto for Earth Justice*의 번역서[1]를 통해 국내에 처음 소개되었다. 이러한 지구법학은 토마스 베리(Thomas Berry)[2]의 「권리의 기원과 분화 그리고 역할(The Origin, Differentiation and Role of Rights)」(이하 「권리의 기원」이라고 한다)[3]에서 제시된 10가지 명제[4]에 토대를 두고 있다. 따라서, 우리가 지구법학을 정확히 이해하려면 토마스 베리의 「권리의 기원」부터 우선 살펴보아야 한다.

문제는 「권리의 기원」에서 제시된 10가지 명제는 베리의 우주론과 가치론, 윤리론 및 규범론, 그리고 권리론을 압축적으로 표현한 것으로 베리의 사유체계를 전반적으로 폭넓게 알지 못하면 정확한 이해를 추구할 수 없다는 것이다. 그러나 우리 시대에 가장 탁월한 문화

1 코막 컬리넌, 박태현 옮김(2016), 『야생의 법: 지구법 선언』, 로도스.

2 토마스 베리(1914~2009)는 자연 세계와 인간의 관계에 주목한 세계의 주요 사상가 중 한 사람이다. 수도승이자 철학자이며 문화사학자면서 작가이기도 한 그는 스스로를 신학자라기보다 '지구학자(geologian 내지 earth scholar)'로 여겼다. 유창하면서도 정열적인 지구의 대변인으로, '우리 시대 가장 탁월한 문화사학자 중 한 사람'으로 소개되고 있는 그를 〈뉴스위크(Newsweek)〉는 새로운 유(類)의 생태신학자 중 사고를 가장 자극하는 인물로 기술한 바 있다. 1934년 가톨릭 예수고난회(Passionist order)에 입회했고, 연구하고 성찰하며 가르치는 데 자신의 생애를 바쳤다. 역사학으로 박사학위를 취득한 뒤 1940년 후반 중국에서 중국어와 중국문화를 공부했고, 1950년 유럽에서 군목으로 종사했다. 이후 시튼홀대학과 포담대학에서 인도와 중국의 문화사를 가르쳤으며, 포담대학과 뉴욕대학 그리고 리버데일 종교연구센터에서 종교사 프로그램을 개설하기도 했다. 작품으로는 『지구의 꿈(*The Dream of the Earth*)』, 『우주 이야기(*The Universe Story*)』(과학자 브라이언 스윔과 공저), 『위대한 과업(*The Great Work*)』 그리고 『황혼의 사색(*Evening Thoughts*)』(메리 에블린 터커 편집) 등이 있다. 향년 94세를 일기로 사망할 때까지 미국 노스캐롤라이나주 남부 애팔래치아의 언덕 마을에서 살았다.

3 같은 내용이 「법률 개정을 위한 10 원리」로 발표되기도 하였다(토마스 베리, 박만 옮김(2015), 『황혼의 사색』, 한국기독교연구소, 부록 2).

4 토마스 베리는 「지구의 생존을 위한 법적 조건들」이라는 에세이에서 각국의 헌법과 법정에서 인식, 수용되어야 하는 자연 세계가 갖는 권한의 기원과 본질과 관련하여 6가지 명제를 제시한다(『황혼의 사색』, 125~126쪽). 이 6가지 원리는 이후 「권리의 기원과 분화 그리고 역할」을 통해 10가지 원리로 보다 체계화된다.

사학자로 평가받고 있고 스스로를 지구학자로 여긴 베리의 사유체계는 그 주제와 내용 면에서 워낙 방대하고 또 심오해 간단히 이해될 수 없다.[5]

지구법학 이해를 위한 지적 배경: 토마스 베리의 사유체계

우주론

베리의 사상은 우주론에서 출발한다. 따라서 베리의 지구법학론을 이해하려면 그의 우주론을 반드시 살펴봐야 한다. 베리의 우주론은 한마디로 기능적 우주론(functional cosmology)[6]이라 할 수 있다. 그는 우주를 진화 과정에서 저마다의 역할과 기능을 가지는 주체들이 지속적으로 상호작용하는 전개 과정으로 본다. 이러한 우주의 진화 과정을 그는 은하계의 진화 과정, 지구의 지질생물학적 진화 과정 그리고 인간의 문화적 진화 과정이라는 3중의 진화 과정으로 이해한다.[7]

베리에 따르면 우주는 물리적-물질적(physical-material) 실재이자 동시에 정신적-영적(psychic-spiritual) 실재다.[8] 베리는 이러한 우주

5 일단 손쉽게 베리의 지적 사상의 흐름을 일관하려면 베리의 제자인 메리 에블린 터커 박사가 쓴 「토마스 베리의 지적 전기」를 참고할 수 있다(『황혼의 사색』, 부록 3).
6 Thomas Berry: Biography, "Story as Functional Cosmology." (http://thomasberry.org/life-and-thought/about-thomas-berry/story-as-functional-cosmology 검색일: 2019-10-10)
7 『황혼의 사색』, 140쪽.
8 『황혼의 사색』, 61쪽.

를 위대한 자아(the Great Self)로, 개인을 작은 자아(the Small Self)로 규정하며,[9] 우주의 이해를 통해서만 우리는 스스로를 이해할 수 있고 또 저 위대한 생명의 공동체 안에서 우리의 원래 역할을 알 수 있다고 한다.[10] 베리는 "우주와 일치되는 만큼만 자기 자신이 된다"며, 우주와 지구의 주체들이 친교하는 순간이 가장 인간다운 모습으로 자기실현을 이루는 순간이라고 한다.[11] 나아가 우리 자신은 주로 지적이며 문화적인 발전을 이루어냄으로써 우주 발생 과정의 창조적 활동에 참여하는 자들이라는 점에서, 인간은 우주 안의 한 개별 존재라기보다 전체로서 우주가 자기를 표현하는 하나의 존재 양식[12]이라고 보는 것이 우리에게 인간과 인간의 모든 활동에 대한 더 의미 있는 관점을 갖게 한다고 한다.[13]

베리는 우주와의 통합성[14]에 근거하지 않는 공동체는 어떤 수

9 베리에 따르면 우리 인간은 우주 전체와 만물 가운데 존재하는 우정의 관계를 경험한다. 우리 인간은 지구 전역에 걸쳐 있는 이러한 동반자들 없이는 사실상 참된 자기 자신이 될 수 없다는 점에서 더 거대한 공동체는 우리의 더 큰 자아를 구성한다.

10 『황혼의 사색』, 130쪽.

11 『황혼의 사색』, 34, 36, 40쪽.

12 베리는 인간의 자의식을 "(우주의) 광대한 진화적 여정에서 가장 최근에 이루어진 성취"로 보면서 인간의 자의식을 통해 지구 또한 '성찰적 자의식(reflective self-awareness)'이라는 특별한 양식의 의식 안에서 자신을 의식할 수 있게 되었다며 인간 의식을 진화적 은총으로 보고 있다.

13 『황혼의 사색』, 66~67쪽.

14 베리는 말한다. "우주의 모든 부분은 우주의 특정한 차원이나 어떤 측면을 결코 반복할 수 없는 고유한 모습으로 활성화한다. 우주 안의 모든 개별적 존재는 전체 우주에 필요하다. 우리가 모든 생명체들과 심원한 친족관계(profound kinship)에 있음을 이해할 때 우리는 번성하는 지구 공동체의 토대를 닦을 수 있다. 이것이 우주를 이해하는 가장 본질적인 방식이다."(『황혼의 사색』, 62쪽)

준의 것이라도 생존할 수 없다고 보았다. 그리하여 우주의 모든 구성 요소는 우주라는 시스템의 하부 시스템이므로 우리에게 지금 가장 긴급한 것은 우리의 근본 맥락인 우주의 우선성(the primacy of the universe as our fundamental context)이라는 의식을 되찾는 것이고, 또 생명을 발생시켰고 생명이 의존하고 있는 모태로서 지구의 우선성(the primacy of the Earth as the matrix)에 대한 감각을 다시 회복하는 것이라고 보았다.[15]

베리는 「미래로 진입하는 우리의 길: 주체들의 친교」에서 인간이 지구 공동체의 참여 성원으로 지구에 존재하는 시기인 생태대(Ecozoic era)로 진입하려면 우주가 "객체들의 집합이 아니라 주체들의 친교"임을 깨달아야 한다고 한다.[16] 우리 인간이 지구를 이토록 황폐하게 만든 것은 지구가 단지 인간이 사용하는 객체(대상)의 집합에 불과하다는 그릇된 인식에서 비롯된 것이므로 우주가 주체들의 친교라는 의식을 되찾아야 한다는 것이다.[17] 그러면서 지구가 최우선이고 인간은 부차적임을 인식하고, 그 사실이 경제·교육·법률·의학·종교 등 인간의 모든 행동 양식 안에서 받아들여질 때 우리는 비로소 생태대로의 진입이라는 희망을 가질 수 있다고 한다. 이러한 토마스 베리의 우주론은 우주의 12원칙으로 집약, 표출된다.

15 『황혼의 사색』, 92, 96쪽.
16 『황혼의 사색』, 16쪽.
17 『황혼의 사색』, 17쪽.

표 1. 토마스 베리의 우주의 12원칙[18]

❶ 우주와 우리 태양계 그리고 행성 지구는 자신 안에서 또 자신의 진화적 창발성 안에서 인간 공동체를 조성한다. 이는 모든 것이 거기서부터 존재로 창발되는, 궁극 신비의 제1의 계시다.

❷ 우주는 단일체로서 시공간 안에서 분리될 수 없는 관계성으로 함께 결합된 존재들이 상호작용하는, 본원적으로 관계 맺어진 공동체다.

❸ 태초부터 우주는 물리적이면서 동시에 영적인 실재이다.

❹ 우주는 조화로운 측면과 폭력적인 측면을 두루 갖고 있다. 그러나 더 큰 발전의 궤적에서 보면 늘 창조적이다.

❺ 모든 차원의 실재에서 우주의 세 가지 기본 법칙 내지 우주 생성의 원칙은 분화(differentiation), 자기조직 내지 주체성(autopoiesis or subjectivity) 그리고 친교(communion)다.

❻ 우주의 창발 과정은 불가역적이고 되풀이될 수 없다. 행성 지구에서 비-생명이 생명으로 전이한 것은 단 한 번의 사건이고, 이는 생명이 인간 형태의 의식으로 전이한 경우에도 그러하다.

❼ 태양계 내에서 지구는 스스로 창발하고, 양육하고, 규율하고, 치유하고, 가르치는 공동체다. 모든 특정한 생명 시스템은 자신의 존재와 양육, 규율, 치유 및 가르침에 있어 자신의 기능을 더 크고 복잡한 상호의존적 지구 시스템 내로 통합해야 한다.

❽ 유전적 코딩 과정을 통해 살아 있는 세계는 진화하고, 교육하며, 스스로를 규율한다. 인간 차원에서 유전적 코딩은 유전을 넘은 문화적 코딩으로 나아간다. 문화적 코딩에 의해 인간의 특질이 표현된다. 문화적 코딩은 교육 과정을 통해 계속된다.

❾ 지구는 주체들의 친교이지 객체들의 단순한 집합이 아니다.

❿ 우주는 인간 안에서 자신에 대한 성찰 의식을 획득한다.

⓫ 지구가 원천이다. 인간은 거기서 파생되었다.

⓬ 인간의 현 상황은 단 세 문장으로 기술될 수 있다.

1. 21세기 인간의 영광은 곧 지구의 황폐화를 이르게 되었다.
2. 지구의 황폐화는 점점 인간의 운명이 되고 있다.

18 1984년 한 강의에서 우주와 우주 안에서의 인간의 역할을 위한 12가지 원칙(Twelve Principles for Understanding the Universe and the Role of the Human in the Universe Process)으로 기술하였다.(http://thomasberry.org/publications-and-media/thomas-berry-the-twelve-principles 검색일: 2018-09-07)

3. 모든 인간의 제도와 직업, 프로그램 및 활동은 기본적으로 그것이 인간과 지구의 상호증진적인 관계를 어느 정도로 방해하는지 혹은 무시하는지 아니면 육성하는지에 따라 판단되어야 한다.

※ 이상의 진술에 비추어보면 우리 시대의 역사적 과업은 늦지 않게 생명 공동체 시스템 안에서 인간을 종의 차원에서 재창조하는 것이다.

존재론과 가치론 그리고 윤리론

베리의 가치와 윤리 그리고 규범에 관한 기본 사고는 "우주와 지구가 실재와 가치의 원천"이라는 명제에서 출발한다. 『위대한 과업』에서 11세 무렵의 베리는 새집이 있는 언덕을 거닐다가 샛강 건너편 하얀 백합꽃으로 뒤덮여 있는 들판을 우연히 바라보게 된다. 이 마술 같은 찰나의 경험은 이후 자신의 모든 사고 범위에 걸쳐 규범이 되었다고 고백한다.

> … 이 경험은 규범적인 것이다. 이 들판을 그 변화하는 자연순환체계 내에서 보존하고 향상시키는 것은 무엇이든 선이다. 반대로 이 들판을 거부하고 부정하는 것은 무엇이든 선이 아니다. (… This experience became normative. Whatever preserves and enhances this meadow in the natural cycles of its transformation is good; whatever opposes this meadow or negates it is not good.)[19]

뒤에서 보겠지만 이는 레오폴드의 대지윤리의 제1 규범 원칙을 환기시키는데, 이 점에서 베리의 윤리관도 기본적으로 존재론적 윤리

19 토마스 베리, 이영숙 옮김(2008), 『위대한 과업』, 대화문화아카데미, 27~28쪽.

관이라 할 수 있다.

베리는 또한 자연물도 존재 이익(interests in being)을 가진다고 말한다. 예를 들어 호수는 지구 공동체의 건강한 한 부분으로서 청정한지, 고기가 많은지, 진흙벌인지, 생명이 없는지 여부에 이익을 가진다고 한다.

> 살아 있지 않은 세계는 생명 원리로서 살아 있는 영혼을 갖고 있지 않다. 하지만 그 세계의 각 성원은 존재의 내적 원리로서 그것과 동등한 것을 가지는데 그것은 바로 살아 있는 세계조차 전달할 수 없는 어떤 힘과 지속적인 특질 그리고 장엄을 표현, 소통하는 내적 형상(inner form)이다. 살아 있지 않은 세계는 더 친밀한 방식으로 생명으로 변환되는 신비스러운 물질을 제공한다.

베리는 계속해서 말한다.

> 실제 단일한 지구 공동체가 있다. 이 공동체에서 모든 존재는 자신만의 고유한 역할(role)과 존엄(dignity) 그리고 내적 자발성(inner spontaneity)을 갖는다. 모든 존재는 자신만의 고유한 목소리를 갖고, 전체 우주에 자신을 표명하며, 다른 존재와 친교에 들어간다. 이러한 관계를 맺을 능력, 다른 존재에 자신을 드러낼 능력, 그리고 자발적 행위능력은 우주에 두루 걸쳐 모든 존재 양상이 지니는 능력이다. 자연물은 자기를 조직하는 능력을 지니고 있는데 살아 있는 물질과 살아 있지 않은 물질 사이에서 관찰되는 연속성이 존재한다.

베리의 이러한 사고 유형은 지금까지 인간 존재와 나머지 자연 사이의 윤리적·신학적·철학적 방해물이 되어온 정신과 물질(spirit vs. matter), 주체와 객체(subject vs. object) 그리고 문화와 자연(culture vs. nature)이라는 이원론에 도전하는 것이다.[20]

법(률)관

우주와 지구가 '실재'와 '가치'의 원천임을 전제로 베리는 인간은 지구 시스템의 하부 시스템이므로 인간의 최우선적 관심은 지구 시스템을 온전히 보전하는 것이어야 한다고 분명히 말한다.[21] 특히 법학은 인간의 천부적인 존엄성의 우위는 말하지만 우주나 지구에 작동하는 더 큰 지도원리는 거의 생각하지 않는다며, 우리가 최우선으로 간주해야 하는 공동체는 인간 공동체가 아닌 지구 공동체로 그 우선성에 기초한 관리 체제와 법률이 긴급하게 필요하다고 한다.[22]

베리는 「지구, 그 성스러운 공동체」에서 지구가 본래적이고 인간은 파생적임을 이해하는 전제에서 실재와 가치에 대한 인간중심적 규범에서 생명중심적(biocentric) 혹은 지구중심적(geocentric) 규범으로 전환이 이루어져야 한다고 주장한다.[23] 인간이 지구로부터 나왔다면 우리 체제의 타당성이 지닌 모든 측면이 지구의 생태 시스템으로부터 나오는 것이 당연함에도 우리는 지구 생태 시스템에 부합된 우리의 법률 시스템을 만들지 못했다는 것이다. 또한 우리가 인간의 권한에는 민감하게 반응하지만 지구 역시 권한을 갖고 있다는 생각은 거의 하지

20 Judith E. Koons(2008), "Earth Jurisprudence: The Moral Value of Nature," *Pace Environmental Law Review*, vol. 25, pp. 41-43.

21 『황혼의 사색』, 17~18쪽.

22 『황혼의 사색』, 19쪽.

23 『황혼의 사색』, 45쪽.

않아 종들 간에 수용 가능한 법 구조를 만들지 못하면서 지구 곳곳에서 생명체의 종들이 절멸되고 있다며, 이는 민주주의를 더 큰 지구 공동체의 필요에 민감하게 반응하는 생태주의로 확장하지 않는 한 지속될 것이라고 한다.[24]

이와 함께 베리는 모든 전문 직업과 제도가 지구 공동체를 실재의 우선적인 원천이자 가치로 보아야 한다고 한다.[25] 고도로 다양하게 분화되었으면서도 단일한 공동체인 지구는 스스로 발생하고 스스로 가르치고 스스로를 부양하고 스스로를 다스리고 치유하는 공동체다. 따라서 지구에 대한 모든 인간 활동의 기준은 지구라는 전체 공동체를 다스리는 원리에서 나와야 하며, 이는 결국 중세기의 자연법(natural law) 관점에 대한 우리 시대의 새로운 표현이라는 것이다.[26]

베리는 「지구의 생존을 위한 법적 조건들」에서 산업문명의 맥락에서 법의 역할을 기술하고 있다. 자연 세계에서 현재보다 더 나은 인간의 존재 방식의 근거를 마련하는 것이 법의 기본적 기능이다. "정치·경제 권력이 후기 산업시대에 상인과 기업가 집단에 넘어감에 따라 그들은 법체계를 변경하여 자신들의 이익을 증대하고자 법조계 인사들과 동맹을 맺었다"는 하버드대학 모턴 호로비츠(Morton Horowitz)의 분석대로 산업문명 전체가 이러한 맥락 안에서 자신들의 법률적 근거를 만들어냈다. 따라서 산업시대가 야기한 파괴적인 결과를 줄이려면 이러한 법률적 근거들의 권한과 기원, 특징, 역할, 특히 인간-지구 관계에서 그 기능에 대한 질문을 둘러싼 논의에서 출발해야 한다.

24 『황혼의 사색』, 47쪽.
25 『황혼의 사색』, 52쪽.
26 『황혼의 사색』, 78쪽.

여기에서 기본 전제는 모든 존재 양식이 다른 모든 존재 양식과 맺는 상호 관계에서 모든 존재는 자신의 존재 자체에서 기인하는 권한이 있음을 인식하는 것이다.[27]

그러면서 베리는 국가의 헌법과 법정에서 인식되어야 하는 자연 세계가 갖는 권한의 기원과 본질과 관련하여 6가지 원리[28]를 제시한다.[29] 이 6가지 원리는 이후 「권리의 기원」을 통해 10가지 원리로 보다 체계화된다.

베리의 지구법학론에 영향을 미친 사상과 이론

베리의 지구법학론을 살펴보기에 앞서 지구법학론에 영향을 미친 사상과 이론을 간략히 알아보고자 한다. 베리는 2001년 4월 가이아재단이 주최한 에얼리 콘퍼런스(Airlie Conference)에 참석한다. 이 콘퍼런스에서 베리는 당시 잠정적으로 'Earth Jurisprudence'로 이름 붙인 법학의 발전 가능성에 관하여 자신의 생각을 담은 「권리의 기원」을 발표하

27 『황혼의 사색』, 124쪽.

28 『황혼의 사색』, 125~127쪽.

29 베리는 이 원리들이 현재 우리의 법률체계 구조와 통합되는 것은 결코 쉽지 않은 도전이라고 인정하면서도 산업문명의 해로운 결과는 인간의 삶에 영향을 미치는 것을 넘어서 지구의 화학적, 생물학적 작동과 생명 시스템의 유전적 과정에서도 발견된다며 우리는 모두에게 더 좋은 상황을 반드시 찾아내야 하고 법률체계는 산업체(이익)에 종속된 상태에서 벗어나 지구의 생존과 그 충만한 아름다움에 더욱 책임을 질 필요가 있다고 한다(『황혼의 사색』, 127~129쪽).

게 된다.[30] 당시 베리는 "지구가 새로운 법철학을 요청하고 있음(Earth needs a new jurisprudence)"을 강조하였는데 오늘날 지구법학이라는 용어는 여기서 유래한다.

당시 베리가 제창한 새로운 법철학으로서 지구법학의 내용은 권리론을 중심으로 구성되었다. 베리는 지구 공동체의 모든 구성 요소는 세 가지 기본적 권리(Earth rights), 곧 존재할 권리, 서식지에 대한 권리 그리고 지구 공동체가 부단히 새로워지는 과정에서 자신의 역할과 기능을 수행할 수 있는 권리를 갖는다고 보았다. 이러한 베리의 권리론은 「권리의 기원」에서 명제로 간결하게 표현되고 있다.

멀로니와 지멘(Michelle Maloney and Sister Patricia Siemen)에 따르면 지구법학에 관한 베리의 사고 형성에는 레오폴드(Aldo Leopold)의 대지윤리(the land ethic), 네스(Arne Naess)와 세션즈(George Sessions) 등으로 대표되는 심층생태론(the deep ecology) 그리고 스톤(Christopher Stone) 교수의 자연물(natural objects)의 권리론이 직간접적인 영향을 끼쳤다고 한다.[31] 그녀들의 주장이 타당하다면 대지윤리와 심층생태론 그리고 자연물의 권리론[32]를 살펴보는 것은 베리의 지구법학론을 이해하는 데 도움이 될 것이다.

30 Mike Bell(2003), "Thomas Berry and an Earth Jurisprudence: An Exploratory Essay," *The Trumpeter*, 19(1).

31 Michelle Maloney and Sister Patricia Siemen(2015), "Responding to the Great Work: The Role of Earth Jurisprudence and Wild Law in the 21st Century," *5 Barry U. Envtl. & L. J.* 6.

32 대지윤리와 심층생태론 그리고 자연물의 권리론은 J. R. 데자르뎅의 『환경윤리』(김명식 옮김, 자작나무, 1999) 291쪽 이하에 상당 부분 의존하였다. 참고로 한글판은 Joseph R. DesJardins(1997), *Environmental Ethics: An Introduction to Environmental Philosophy* 제2판(Wordsworth Pub. Co.)을 번역한 것이다.

대지윤리[33]

대지윤리는 환경운동의 고전 텍스트로 평가되는 레오폴드가 정립한 윤리이론이다. 그는 『모래군의 사계(*A Sand County Almanac*)』(1949)[34]에서 인간과 땅 그리고 땅에서 자라는 동식물의 관계를 다루는 새로운 윤리의 정립이 절실히 필요하다고 하면서 인간중심적인 환경관을 거부하고 건강하고 자기 갱신하는 생태계의 보존에 중점을 둔, 곧 생태학에 기초한 대지윤리를 제안하고 있다. 그는 기존 윤리학을 확장해 대지로 언급되는 생명 공동체(biotic community)의 비인간 성원들도 윤리적 고려 대상에 포함할 것을 제안하며, 대지윤리의 기본적 규범 원칙을 다음과 같이 제시하였다.

> 어떤 것이 생명 공동체의 온전함, 안정 그리고 아름다움을 보전하는 경향을 갖는다면 그것은 옳다. 그러나 그 반대라면 그르다. (A thing is

33 베리가 레오폴드의 사상에 영향을 받았음은 분명해 보인다. 베리는 우리가 당면한 상황을 깨닫고 서구 문명을 인도할 새로운 관점을 구성하게 하는 사건이 20세기 전반에 일어났는데, 사건이란 다름 아닌 새끼를 가신 어미 늑대를 사냥한 레오폴드의 개인 경험이라고 한 바 있다. 사위어가는 늑대의 눈에 나타난 격렬한 초록빛 불빛을 보면서 "그 순간과 그 이후로 나는 그 눈으로부터 그 어미 늑대와 산들만이 알고 있었던 새로운 어떤 것이 내 안으로 들어왔음을 깨달았다"고 한 레오폴드의 경험담을 전하면서 베리는 그 사건 이후 인간과 자연 세계의 관계에 대한 레오폴드의 관점이 완전히 바뀌었고 우리 자신의 삶도 그 사건으로 바뀌었으며 그 성찰은 이전의 일상적인 미국인들의 삶에 결코 알려지지 않았던 새로운 윤리, 곧 대지윤리를 낳게 되었다고 한다.(『황혼의 사색』, 37쪽)

34 A. Leopold(1949), *A Sand County Almanac*, New York: Oxford University Press. 한글판 『모래군의 사계』로 번역(J. R 데자르뎅, 김명식 옮김(1999), 『환경윤리』, 자작나무, 285~328쪽 참조). 이 책은 전일적(holistic) 내지 생태중심적(ecocentric)으로 환경에 접근한 최초의 체계적 작품으로 평가받고 있다.

right when it tends to preserve the integrity, stability and beauty of the biotic community. It is wrong when it tends otherwise.)

대지윤리는 토양과 물, 동식물 또는 그 집합체로서의 대지를 공동체에 포함함으로써 공동체의 경계 범위를 확장한 것이다. 이는 우리가 대지 공동체의 동료 성원들과 대지 공동체 자체를 존중하고 도덕적으로 고려해야 함을 함축하고 있다. 이러한 대지윤리의 핵심 내용은 다음과 같다. 첫째, 우리는 스스로를 대지의 정복자에서 생명 공동체의 평범한 성원이자 시민으로 바라보아야 한다. 둘째, 우리 인간은 윤리적 고려를 토양과 물, 동식물 등 전체로서의 생태계에까지 확장해야 한다. 셋째, 우리 인간의 우선적인 윤리적 관심 사항은 개별 동식물이 아니라 전체 생명 공동체의 건강한 기능·작용이어야 한다. 마지막으로 생태 윤리학(ecological ethics)의 도덕적 공리는 한마디로 "생명 공동체의 통합성, 안정성 그리고 아름다움을 추구해야 한다"는 것이다.[35]

심층생태론

심층생태론은 하나의 원천으로부터 발전되지 않았고, 또 체계적인 철학도 아니다. 그것은 탈인간중심적 이론 일반을 지칭하기도 하고, 때로는 아르네 네스의 생태철학을 이르기도 한다. 최근에는 드볼과 세션

35 『모래군의 사계』, 237~264쪽, 240쪽. 이러한 레오폴드의 대지윤리는 인간 이익과 건강하고 생물다양성이 풍부한 자연환경 간의 균형을 추구하고 있다는 점에서 심층생태론이나 생명중심주의(biocentrism)에 견줘 상대적으로 온건한 견해로 평가되며 주류 환경주의자들로부터 비교적 고른 지지를 받고 있다. 가령 레오폴드는 특정 종이 과도하게 번식해 환경을 훼손하는 지경에 이른 경우 이를 통제하기 위하여 종의 선별적 제거라는 인간의 개입을 허용한다.

즈의 저작에서 발전된 환경문제에 대한 접근방법을 가리키는 것으로 통용되기도 한다.[36] 심층생태론이라는 말 자체는 아르네 네스의 글에서 처음 사용되었다. 아르네 네스는 생태운동을 심층(deep) 생태운동과 피상적(shallow) 생태운동으로 구분하였다.[37] 그에 따르면 피상적 생태운동은 오염과 자원 고갈에만 관심 있는, 선진국 국민의 건강과 풍요 보호를 목표로 하는 운동이다. 반면에 심층 생태운동은 '환경 안에 있는 인간'이란 관점을 거부하고 전체주의적이고 탈인간중심적인 접근방법에 동조해 관계적이고 전체 장(total-field)적인 관점을 취한다. 오염과 자원 고갈은 증상일 뿐 근본 원인이 아님에도 증상만 문제 삼는 것은 잘못으로, 현재 위기에 대한 치료책은 철학적 관점을 개인 차원에서 또 사회문화 차원에서 바꾸는 것이라는 주장이다.

또 다른 심층생태론자로 분류되는 드볼과 세션즈는 심층생태론은 '생태의식'을 계발하는 것이며 인간과 동식물, 지구의 단일성(혹은 통일성)을 인정하는 생태적·철학적·영성적 접근이라고 한다. 아르네 네스와 세션즈는 공동으로 심층생태주의의 강령을 "모든 생명체는 인간에 대한 유용성과 상관없이 그 자체의 가치가 있다" 등 여덟 가지 원칙[38]으로 체계화하였다.

36 『환경윤리』, 334쪽.

37 Arne Naess(1973), "The Shallow and The Deep, Long-Range Ecology Movement," *Inquiry* 16.

38 나머지 원칙은 다음과 같다.

2. 생명의 풍요로움과 다양성은 생물의 행복에 기여하고 그 자체로 가치를 지닌다.
3. 인간은 절대적으로 필요한 요구를 책임 있는 방식으로 충족하는 경우를 제외하면 생명의 풍요로움과 다양성을 감소할 권리가 없다.
4. 세계에서 인간의 영향은 과도하고 빠르게 더 나빠지고 있다.
5. 인간의 생활방식과 인구가 이 영향의 핵심 요소다.

심층생태론을 받아들이는 근본생태주의자들은 다양성, 전체주의, 상호의존성, 관계 등과 같은 문제에 생태학으로 통찰하는 대안적 세계관을 추구한다. 이들은 현재 환경문제 중 상당 부분의 원인이 근대 산업사회의 지배적인 철학에 전제된 개체주의적이고 환원주의적인 형이상학에 있다고 보며, 개체 인간이 자연으로부터 독립되어 있다는 이른바 '자연 안의 인간'이라는 관점을 거부하고 체계 전체 장 안의 관계에서 사고하려고 한다. 폭스(Warwick Fox)는 "존재의 장에서는 확고한 존재론적 구분이 불가능하다. 즉 인간과 비인간적 영역의 이분법은 존재하지 않는다. 그것의 경계를 인정하는 만큼 근본적인 생태의식이 부족한 것이다"라고 하였다.[39]

심층생태주의의 실천윤리에서 가장 궁극적인 규범(더 이상의 윤리적 정당화는 불가능하다는 의미에서)은 자아실현(self-realization)과 생명중심적 평등(biocentric equality)이다. 자아실현은 자기를 자연과의 상호 연관을 통해 존재하는 것으로 이해하는 과정이다. 심층생태주의는 개체주의적 자아 모델과 전체주의적이고 관계론적인 자아 모델을 구분하면서 자아(self)와 큰 자아(Self)를 구분한다. 배후의 큰 자아는 자연과 함께 있는 자아이다. 큰 자아실현은 자기를 더 큰 전체의 일부로 인식하는 자기반성의 과정이다. 이것은 인간과 비인간, 자기와 타자 사이

6. 생물의 다양성은 문화를 포함해 인간의 영향이 감소할 때만 번성할 수 있다.
7. 그러므로 기본적인 이념적·정치적·경제적·기술적 구조가 변해야 한다.
8. 앞의 원칙들을 받아들이는 사람들은 필요한 변화를 가져오는 데 참여하고, 이를 평화적·민주적으로 실천할 의무가 있다.

39 Warwick Fox(1984), "Deep Ecology: A New Philosophy for Our Time?", *Ecologist 14*, pp. 194-200.(『환경윤리』, 343쪽 재인용)

의 어떤 확고한 존재론적 구분도 없다는 것을 이해하는 과정이다. 드볼과 세션즈는 이를 다음과 같이 요약한다.

> 상당수의 종교가 가진 정신적 전통과 마찬가지로 큰 자아실현이라는 심층생태주의의 규범은 기본적으로 쾌락적 기쁨을 추구하는 고립된 자아로 정의되는 근대 서구적 자아를 넘어선다. … 우리 자신을 고립되고 협소한 경쟁적 자아로 보지 않고 가족과 친구, 궁극적으로 모든 인간과 하나가 될 때 우리는 정신적으로 성장하는 것이다. 그러나 심층생태주의에서는 자아의 더 큰 성숙과 성장을 요구해 인간을 넘어 모든 자연과의 일체화를 추구한다.[40]

생명중심적 평등은 모든 생명체가 상호 연관된 전체의 평등한 구성원이며 동등한 본원적 가치를 가진다는 사실을 인정하는 것이다. 생명 공동체의 성원들은 본원적 가치를 갖고 있는 개체이기 때문이 아니라 생명 공동체의 성원이기에 평등한 도덕적 가치를 소유한다는 것이다. 드볼과 세션즈는 다음과 같이 말한다.

> 생명계에 존재하는 모든 것은 살고 번성할 평등한 권리를 가지며, 자기 나름의 삶을 전개하고 큰 자아의 맥락 안에서 자기를 실현할 평등한 권리가 있다. 모든 유기체와 생태권에 존재하는 모든 실재는 상호 연관된 전체의 한 부분으로 본원적 가치에서 동등하다.

40 Bill Devall and George Sessions(1985), *Deep Ecology: Living as if Nature Mattered*, Peregrine Smith Books, 67.

자연물의 권리론

스톤은 산림, 바다, 강 등의 이른바 자연물의 도덕적 권리는 인정하지 않았다. 하지만 그것들의 법적 권리는 인정했다. 스톤의 논의는 미네랄 킹 계곡을 둘러싼 법적 논쟁에서 시작되었다. 미국의 유명한 환경단체인 시에라클럽(Sierra Club)은 캘리포니아 시에라 네바다(Sierra-Nevada)산맥의 세쿼이아(Sequoia) 국유림지 내 미네랄 킹(Mineral King) 계곡에 스키장을 건설하려는 월트디즈니 사의 개발 계획을 승인한 산림청의 처분은 국유림 관리 관련 연방법을 준수하지 아니한 위법한 처분이라고 주장하며 이를 다투었다.

법정에서 원고 시에라클럽은 국립공원의 보전과 건전한 유지, 카운티(county)의 수렵금지구역 및 산림에 특별한 이익을 가지고 있다며 이를 근거로 소를 제기할 법적 자격(원고적격standing)이 충분하다고 주장하였다. 하급심 법원은 그러나 시에라클럽은 이 사건에 원고적격이 없다며 본안 심리에 들어가지 않고 그 청구를 배척하였다. 시에라클럽은 대법원에 상고하였는데 이때 스톤은 「나무도 원고적격을 가져야 하는가?」[41]라는 논문을 작성해 법정 참고자료로 제출하였다.

스톤은 논문에서 개발로 파괴되는 나무와 산등성이 같은 자연물들이 원고적격을 가져야 하고 시에라클럽이 나무 등 자연물의 법적 후견인이 될 수 있다고 주장했다. 그는 "인간의 도덕 발전의 역사를 살펴보면 사회적 애착의 대상이 지속적으로 확대되어온 과정"이라는 다

41 Christopher D. Stone(1972), "Should Trees Have Standing?-Toward Legal Rights for Natural Objects," *45 S. Cal. L. Rev.* 450. 『법정에 선 나무들』(허범 옮김, 아르케, 2003) 제1장의 내용이 바로 이 논문을 번역한 것이다. 데자르뎅의 『환경윤리』(183~186쪽)에서 스톤의 자연물의 권리론을 간결하게 설명하고 있다.

윈의 윤리관(레오폴드도 대지윤리를 고안할 때 이를 참고하였다)에 착안하여 법적 권리를 승인하는 과정도 사회적 애착 대상, 즉 윤리적 고려 대상이 확대되어온 과정과 유사하다고 주장하였다. 즉 한때는 백인인 성년 남자만이 완전한 법적 권리를 가졌으나, 이는 이후 여자와 흑인, 인디언으로 확대되었고, 나아가 법인과 회사, 도시, 국가 등 비인격체도 포함되었다며 지금이야말로 자연물에 법적 권리를 확대해야 할 시점이라고 강조하였다.

스톤은 "권리란 그 권리의 침해에 대한 이의를 다룰 수 있는 권위 있는 공공기구에 의해 승인될 때 비로소 존재한다"는 기본 입장을 전제로 어떤 것이 그 자체의 존엄성과 가치에 기초하여 자신의 법적 권리를 인정받기 위해서는 세 가지 조건 모두를 충족해야 한다고 하였다. 첫째 스스로 법적 행위(소송)를 할 수 있어야 하고, 둘째 법적 구제 여부를 결정할 때 그것에 대한 손실을 법원이 고려할 수 있어야 하며, 마지막으로 법적 구제를 통해 그것의 이익이 증진될 수 있어야 한다는 것이었다.

스톤은 논문에서 자연물도 이 세 가지 요건을 모두 충족할 수 있음을 설득력 있게 논증하였다. 먼저 자연물은 어떻게 '법적 행위'를 할 수 있을까? 스톤은 자연물의 이익을 대변하기 위해서 후견인(guardian)이나 보호자(conservator), 또는 피신탁자(trustee)를 지정할 수 있다고 한다. 다음으로 법원은 자연물의 손실을 어떻게 고려할 수 있을까? 스톤 교수는 자연물은 우리가 동의할 수 있는 '이익(interests)'을 가지며 또 그 이익의 침해를 우리가 인식할 수 있다고 한다. 가령, 스모그로 인하여 멸종위기에 처한 소나무의 후견인이자 소송대리인은 피후견인인 소나무가 스모그가 사라지기를 바란다고 자신 있게 말할 수 있다고 한다. 마지막으로 법적 구제를 통해 자연물의 이익이 증진될 수 있을까? 스톤 교수는 자연물의 손해를 배상하는 법적 치유책이 유의미하며 우리는 환경을 온전한(whole) 상태로 만드는 것을 법적 표준과 목표로 삼을 수 있으므로 책임당사자에게 자연물이 건강을 회복하는 데(즉 침해되기 전의 상태로 돌아가는 데) 드는 비용을 청구할 수 있다고 한다.[42]

스톤의 주장은 대법원에서 받아들여지지 않았다. 하지만 더글라스 대법관(Justice Douglas)은 반대의견에서 스톤의 논문을 인용하면서 스스로 행할 수 없는 자연물(the inanimate environmental objects)도 원고적격을 가질 수 있다며 이 사건은 시에라클럽 대 모턴(Sierra Club v. Morton)이 아니라 미네랄 킹 계곡 대 모턴(Mineral King v. Morton)으로 명명하는 것이 더 적절하다는 견해를 표시하였다.[43]

42 『환경윤리』, 182~184쪽.

43 이 부분 판결문은 다음과 같다. "The critical question of 'standing' would be simplified and also put neatly in focus if we fashioned a federal rule that allowed environmental issues to be litigated before federal agencies or federal courts in the name of the inanimate object about to be despoiled, defaced, or invaded by roads and bulldozers and where injury is the subject of public outrage. Contemporary public concern for protecting nature's ecological equilibrium should lead to the conferral of standing upon environmental objects to sue for their own preservation. See Stone(1972), "Should Trees Have Standing?-Toward Legal Rights for Natural Objects," *45 S. Cal. L. Rev. 450*. This suit would therefore be more properly labeled as Mineral King v. Morton."

토마스 베리의 지구법학

지금까지 베리 사상의 알파요 오메가인 우주론과 가치론, 윤리론 그리고 법률관 및 베리의 지구법학론에 영향을 미친 사상들을 간략하게 살펴보았다. 그러면 이제부터 베리의 지구법학론을 살펴보자. 베리의 지구법학론은 결국 지구권리론으로 귀결된다고 말할 수 있을 정도로 권리론이 담론의 중심적 지위를 차지하고 있다.

법률가들은 통상 '권리'라는 용어를 법정에서 집행될 수 있다는 의미에서 법적으로 보호되는 어떤 이익을 뜻하는 데 사용한다. 그러나 베리는 '권리'를 법률가들이 통상 사용하는 것보다 더 넓은 의미로 사용한다. 에얼리 콘퍼런스에서 베리는 「권리의 기원」에서 사용한 권리라는 용어에 관해 질문을 받았을 때 다음과 같이 설명했다.

> 우리는 권리라는 개념을 인간의 의무, 책임 및 핵심 본성을 이행하고 실현할 수 있는 인간의 자유를 의미하는 것으로 사용한다. 여기서 유추해보면 다른 자연적 실체도 지구 공동체 내에서 자신들의 기능과 역할을 추구·실현할 권한·자격(cntitlcment)이 있다는 원칙을 의미한다.[44]

전통적 법학에 따르면 권리란 한마디로 특정 공동체 내에서 법으로 보호할 가치가 있다고 여겨지는 '이익'을 말한다. 하지만 베리는 권리를 지구 공동체 내에서 자신들의 (진화적) 기능과 역할을 실현할 자유를 가지는 자격으로 보는 것이다. 베리는 말한다.

44 코막 컬리넌, 박태현 옮김(2016), 『야생의 법』, 로도스, 166쪽.

표 2. 권리의 기원과 분화 그리고 역할 (2001)

❶ 존재가 기원하는 곳에서 권리가 발생한다. 존재를 결정하는 것이 권리를 결정한다.

❷ 현상 질서 속에서 우주를 넘어서는 존재의 맥락은 없으므로 우주는 자기 준거적 존재로, 스스로 활동 속에서 규범을 만든다. 이러한 우주는 파생하는 모든 존재 양태의 존재와 활동에서 일차적인 준거가 된다.

❸ 우주는 객체들의 집합이 아니라 주체들의 친교이다. 주체로서 우주의 모든 성원은 권리를 가질 수 있다.

❹ 행성 지구 위의 자연계는 인간의 권리와 동일한 연원으로부터 권리를 갖는다. 그 권리는 우주로부터 존재에게 주어진 것이다.

❺ 지구 공동체의 모든 성원은 3가지 권리를 가진다: 존재할 권리, 거주할 권리, 지구 공동체의 공진화 과정에서 자신의 역할과 기능을 수행할 권리.

❻ 모든 권리는 특정 종에 국한된 제한적인 것이다. 강은 강의 권리를 갖는다. 새는 새의 권리를 갖는다. 곤충은 곤충의 권리를 갖는다. 인간은 인간의 권리를 갖는다. 권리의 차이는 양적이지 않고 질적이다. 나무나 물고기에게 곤충의 권리는 아무 소용이 없다.

❼ 인간의 권리는 다른 존재 양식이 자연 상태로 존재할 권리를 파기할 수 없다. 인간의 재산권은 절대적이지 않다. 재산권은 단지 특정한 인간 '소유자'와 특정한 일부 '재산' 간의, 양쪽 모두의 이익을 위한 특별한 관계일 뿐이다.

❽ 종은 개체적 형태 내지 양, 소, 말, 물고기의 떼처럼 집합적 형태로 존재한다. 따라서 권리는 단순히 일반적인 방식의 종이 아니라, 개체나 집단과 관련된다.

❾ 여기서 제시된 권리들은 지구 공동체의 다양한 성원이 다른 성원과 갖는 관계를 정립한다. 행성 지구는 상호의존적인 관계로 상호 밀접하게 연결된 하나의 공동체다. 지구 공동체의 모든 성원은 직간접적으로 스스로 생존에 필요한 영양 공급과 조력·지원을 위해 지구 공동체의 다른 성원에 의존한다. 포식자와 먹이의 관계를 포함하는 이 상호 영양 공급은 지구의 각 요소가 포괄적인 존재 공동체 내에서 가지는 역할에 필수불가결한 것이다.

❿ 인간은 특별한 방식으로 자연 세계를 필요로 할 뿐 아니라 특별한 방식으로 자연 세계에 접근할 권리도 가진다. 이는 물리적 요구는 물론 인간의 지성이 요구하는 경이로움과 인간의 상상력이 요구하는 아름다움 그리고 인간의 감정이 요구하는 친밀성을 충족하기 위한 것이다.

인간과 인간 아닌 것 사이를 연속성에 토대하여 이해해야 한다. … 이러한 맥락에서 지구 공동체의 모든 구성 요소가 각자의 적절한 존재 양식과 기능적 역할에 일치하는 권리를 가질 것이다. 즉 기본적 권리란 자연체계 안

에서 구성 요소들이 자신들의 기능과 역할을 실현할 수 있는 서식지와 기회를 갖는 것이다.

베리는 이러한 자유를 가질 자격으로서 권리는 인간법학(human jurisprudence)에 의해 창설되는 것이 아니라 궁극적으로 '우주'에 기원한다고 본다. 우주는 '객체들의 집합이 아닌 주체들의 친교'이므로, 우주의 모든 성원은 권리를 가질 수 있는 주체이고, 인간들만큼 권리를 가질 수 있는 권리를 가진다고 한다. 「권리의 기원」[45]에서 제시된 10가지 명제는 표 2와 같다.

이 10가지 명제를 통해 우리는 지구법학에 관한 베리의 사상의 실마리를 찾을 수 있다. 베리는 지구 공동체의 모든 구성 요소는 존재할 권리(right to be), 서식지에 대한 권리(the right to habitat), 지구 공동체가 부단히 새로워지는 과정에서 자신의 역할과 기능을 수행할 수 있는 권리(the right to fulfil its role in the ever-renewing processes of the Earth Community)를 갖는다고 보았다.[46] 그리고 이러한 권리는 존재가 기원하는 곳으로부터 발생하고, 존재를 결정하는 것이 이 권리를 결정한다고 보았다. 베리는 존재가 기원하고 또 존재를 결정하는 것은 궁극적으로 우주이므로 창발하는 우주의 존재 및 법칙이 최고의 법이며, 인간의 법은 거기에 맞춰져야 할 필요가 있다고 주장하였다.

베리의 지구법학에 담긴 근본 사고를 몇 개의 핵심 주제어로

45 이는 토마스 베리의 법학의 10가지 원칙(Thomas Berry's Ten Principles of Jurisprudence)으로 불리기도 하는데, 베리는 이 원칙들이 나라의 헌법과 법정에서 인정되어야 한다고 믿었다.

46 『야생의 법』, 177~178쪽.

표현한다면, 그것은 아마도 첫째, 모든 실재와 가치의 원천으로서의 우주, 둘째, 인간 사회의 실제 조건이자 맥락으로서의 지구 (생명) 공동체, 마지막으로 인간 존재와 비인간 존재들의 기본적 권리(지구권)가 될 것이다.

중세기의 자연법natural law 관점의 새로운 표현 지구법학

베리는 "동식물뿐 아니라 인간의 거주권 역시 거주에 관한 생물학적 기본 법칙에 따라 제약되어야 하고, 그 어떤 종이나 종들이라도 다른 종들을 압도하지 않도록 제한하는 법이 있어야 한다"고 하였다. 인간 아닌 생명체들은 자신들의 유전적 구성에 따른 행동 양식으로 제약을 받고, 인간은 의식적 인식과 자유로운 동의에 따라 그 제한을 지킨다는 차이는 있지만 인간도 이 법에 예속되는 것으로 인식해야 한다"고 하였다.[47] 또 "지구에 대한 모든 인간 활동의 기준은 지구라는 전체 공동체를 다스리는 원리에서 나와야 하며 이는 결국 중세기의 자연법(natural law) 관점에 대한 우리 시대의 새로운 표현"이라고 하였다.[48] 이 진술은 베리가 지구법학을 어떻게 사유하고 있는지를 보여주는 인식창이라고 본다.[49]

47 『황혼의 사색』, 140쪽.
48 『황혼의 사색』, 78쪽.
49 아퀴나스가 베리의 지적 계발에 미친 영향은 여러 작가들에 의하여 연대기순으로 기록되어 왔는데 베리 자신도 자주 이를 인정하였다. 참고로 베리의 원래 이름은 윌리엄 네이선 베리(William Nathan Berry)다. 그는 1934년 예

중세기의 자연법에 관한 베리의 지적 사고에 영향을 준 사상가는 토마스 아퀴나스(Thomas Aquinas)다. 아퀴나스의 법이론은 서열체계를 갖는 네 가지 유형의 법을 포함하고 있다. 법체계의 정점에 영원법(eternal law)이 있다. 이는 신이 수여한 규정 내지 신성한 섭리로 이루어지는데 모든 자연을 규율한다. 다음 서열의 법은 자연법(natural law)이다. 이는 영원법의 한 부분으로 직관과 연역을 포함하는 특별한 추론 과정을 통하여 발견할 수 있다. 이어 신성한 법(divine law)은 성경에서 계시되는 신의 법을 가리킨다. 인간 법(human law)은 이 서열체계에서 하층에 위치한다. 이 법은 이성에 의해 지지되고 입법자에 의해 명시되는, 인간 사회의 공동선을 위한 규칙들로 구성된다.[50]

버든(Peter D. Burdon)은 아퀴나스의 법 서열체계와 지구법학이 제안하는 그것 간의 관계를 다음과 같이 정리하고 있다.[51] 버든에 따르면 분명하지는 않지만 베리로부터 '법'의 두 존재형식을 구분할 수 있

표 3. 토마스 아퀴나스의 법체계와 토마스 베리의 지구법학

자연법(Natural law)	지구법학(Earth Jurisprudence)
영원법(Eternal law)	있음
자연법(Natural law)	위대한 법(The great law)
신법(Divine law)	없음
인정법(Human law)	인간 법(Human law)

수고난회라는 가톨릭 수도회에 입회하고, 1942년 사제 서품을 받았다. 베리는 사제 서품을 받을 때 도미니코회 규율에 따라 자신이 기리고자 하는 가톨릭 사제인 토마스 아퀴나스의 이름을 선택함으로써 토마스 베리가 되었다. Peter D. Burdon(2015), *Earth Jurisprudence: Private Property and the Environment*, Routledge, 84.

50 *Earth Jurisprudence*, 84.

51 *Earth Jurisprudence*, 85.

다. 제1의 법질서는 위대한 법(great law)으로 이는 지구 공동체의 원칙을 가리킨다. 제2의 법질서는 인간의 법(human law)로 이는 인간 권위에 의하여 정해진 구속력 있는 규정으로 위대한 법에 부합하고 포괄적 지구 공동체의 공동선을 위하여 시행된다.[52]

버든은 위대한 법과 인간의 법 간의 상호관련성은 두 문제로 전형화한다고 한다. 첫째, 인간의 법이 법으로서 지닌 적격성(quality)과 양심을 구속하는 권능(power)은 위대한 법에서 유래한다. 포괄적인 공동선에 지향된 규정만이 법으로서 적격성을 가지며, 환경 내지 인간-지구의 상호작용에 관한 결정에서도 위대한 법에 준거하여 인간의 법을 해석하는 것이 타당하다. 둘째 위대한 법을 위반하는 어떤 법도 법의 부패로 여겨지고 도덕적으로 대중에 구속력을 갖지 못한다.[53] 인간의 선이 더 큰 지구 공동체의 희생으로 성취될 수 있다는 사고는 환상이고 지구 공동체의 건강과 번영이 인간 생존을 위한 전제 조건이라는 점에서 버든은 상호 (이익) 증진·향상(mutual enhancement)이라는 사고가 지구법학의 요체라고 한다.[54]

한편 『야생의 법』 저자인 컬리넌은 지구법학의 구체적 적용은 각 사회마다 다르지만 다음과 같은 공통 요소를 공유한다고 한다.[55]

1. 지구법학은 그것을 형성하고 또 그것의 기능·작용에 영향을 미치는 더 넓은 맥락 내에 존재하고 있음을 인정한다.
2. 지구 공동체의 모든 성원이 지닌 근본적 권리(Earth rights)의 원천은 우주

52 *Earth Jurisprudence*, 81.
53 *Earth Jurisprudence*, 82.
54 *Earth Jurisprudence*, 81.
55 『야생의 법』, 202쪽.

이고, 따라서 이러한 권리는 인간들이 만든, 인간을 위한 법학(인간법학)에 의하여 유효하게 제한되거나 폐기될 수 없음을 인정한다.

3. 지구법학은 지구 공동체 모든 성원 간의 역동적 평형의 유지와 상호성(reciprocity)에 대한 관심을 가진다. 인간 행위가 지구 공동체를 구성하는 (성원 간의) 유대를 강화하는지 혹은 약화하는지에 따라 인간 행위를 승인하거나 불승인하는 접근방식을 취한다.
4. 지구 공동체의 비(非)인간적 성원의 역할과 권리를 인정하고 그 역할 수행을 부당하게 방해하는 인간(행위)을 금지하는 수단과 방법을 가진다.

나가며

지구법학은 법과 인간 거버넌스에 관한 새로운 철학이다. 이 새로운 철학은 두 가지 기본 사고에 바탕을 두고 있다. 첫째, 인간은 더 큰 존재 공동체의 한 부분이고, 그 공동체 성원의 안녕은 전체로서의 지구의 안녕에 의존하고 있다는 사고다. 따라서 인간 사회는 이 큰 지구 공동체의 한 부분으로, 우주의 기능과 작용을 규율하는 근본원리에 부합하는 방식으로 자신을 규율할 때 생존 가능하고 또 번영할 것이라는 점을 지구법학은 천명하고 있다. 둘째, 우리 인간의 법과 거버넌스는 전체로서의 지구와 지구 모든 성원의 안녕을 보호하도록 의도해야 한다는 사고다. 이에 따라 지구법학은 인간 존재 간 그리고 지구 공동체의 모든 성원 간의 관계를 유지·규율함으로써 인간 거버넌스 체계(이는 윤리, 법, 제도, 정책 및 실천 관행을 포함한다)를 인간을 넘어 전체 지구 공동체에까지 확장하고 그 발전과 이행을 위한 철학적 기초를 제공하고자 한다.

베리는 인간 문명사회가 창조성의 네 가지 거대 단계를 거친다고 한다. 부족-샤먼적 단계, (고전적인) 종교-문화적 단계, 과학기술적-산업적 단계 그리고 (이제 발생하고 있는) 생태적 단계이다. 각 단계마다 그 시기 인간 활동의 기본 양식들을 인도하는 형식이 만들어진다. 베리에 따르면 우리가 처한 역사적 상황은 과학기술적 단계에서부터 인간-지구 관계 발전의 생태적 단계로 옮겨가고 있음을 인식함으로써 시작되는 특별한 창조성의 시간이다. 지금 가장 중요한 과업은 우주의 생명 시스템들과 무생명 시스템들을 규율하는 저 유전적·문화적 부호화(coding) 전체를 의식적으로 통합하는 것이다.[56] 이러한 생태대의 발생에서는 인간의 참여 없이는 거의 아무것도 이루어지지 않을 것이다. 우리는 풀 한 포기 만들 수 없다. 하지만 우리가 그것을 받아들이고 보호하고 키워내지 않으면 그것은 또한 존재할 수 없다.[57]

베리는 인간이 지구 공동체의 참여 구성원으로 지구에 존재하는 시기인 생태대(Ecozoic era)[58]로 진입하려면 우주가 "객체들의 집합이 아니라 주체들의 친교"임을 깨달아야 한다고 하였다. 인간 자신과 지구 공동체의 다른 성원들을 위하여 행위를 제한하고 나아가 상호 이익이 증진되는 방향으로 행위해야 함을 지시하는 지구법학이, 지구 공동체 성원의 기본적 권리(Earth rights)를 인정하고 존중해야 함을 지시하는 지구법학이 생태대로 가는 길을 안내할 것이라고 하였다.

56 『황혼의 사색』, 80~81쪽.
57 『황혼의 사색』, 110쪽.
58 토마스 베리, 브라이언 스윔, 맹영선 옮김(2010), 『우주 이야기』, 대화문화아카데미, 제13장 생태대.

참고문헌

알도 레오폴드(Aldo Leopold), 송명규 옮김(2000). 『모래 군의 열두 달』. 따님.

J. R. 데자르뎅(Joseph R. Desjardins), 김명식 옮김(1999). 『환경윤리』. 자작나무.

코막 컬리넌(Cormac Cullinan), 박태현 옮김(2016). 『야생의 법: 지구법 선언』. 로도스.

크리스토퍼 D. 스톤(Christopher D. Stone), 허범 옮김(2003). 『법정에 선 나무들』. 아르케.

토마스 베리(Thomas Berry), 박만 옮김(2015). 『황혼의 사색』. 한국기독교연구소.

토마스 베리(Thomas Berry), 이영숙 옮김(2008). 『위대한 과업』. 대화문화아카데미.

토마스 베리(Thomas Berry), 브라이언 스윔(Brian Swimme), 맹영선 옮김(2010). 『우주 이야기』. 대화문화아카데미.

Bell, Mike(2003). "Thomas Berry and an Earth Jurisprudence: An Exploratory Essay." *The Trumpeter*, 19(1).

Burdon, Peter(2015). *Earth Jurisprudence: Private Property and the Environment*. Routledge.

Koons, Judith(2008). "Earth Jurisprudence: The Moral Value of Nature." *Pace Environmental Law Review*, vol. 25.

Maloney, Michelle and Sister Siemen, Patricia(2015). "Responding to the Great Work: The Role of Earth Jurisprudence and Wild Law in the 21st Century." *5 Barry U. Envtl. & L. J. 6*.

Naess, Arne(1973). "The Shallow and The Deep, Long-Range Ecology Movement." *Inquiry 16*.

Stone, Christopher(1972). "Should Trees Have Standing?-Toward Legal Rights for Natural Objects." *45 S. Cal. L. Rev. 450*.

제2장

지구법학과 야생의 법

생명 공동체의 거버넌스

최선호

◇◇◇◇

개구리를 뜨거운 물이 담긴 그릇에 넣으면 곧바로 뛰쳐나오지만, 차가운 물에 넣고 서서히 끓이면 그 안에서 삶아져 죽고 만다고 한다. 이 이야기는 더 이상 농담이 아니다. 지구의 기온이 상승하고 서식지가 파괴되면서 개구리 등 양서류는 세계에서 가장 멸종위기에 처한 동물이 되었다. 양서류과의 멸종률은 배경멸종률에 비해 4만 5천 배 정도 높은 것으로 추산된다.[1] 이제 사람들은 환경파괴 문제가 심각하고 인류의 미래를 걱정해야 할 지경에 이르렀다는 사실을 인정하고 있다.

『야생의 법』과 지구법학

남아프리카공화국 출신 변호사 코막 컬리넌(Cormac Cullinan)은 가이아재단(Gaia Foundation)이 2001년 4월 미국 버지니아 에얼리센터에서 개최한 에얼리 콘퍼런스에 참석한 후 2002년 9월 요하네스버그에서 개최된 지속가능발전에 관한 세계정상회의(WSSD)를 앞두고 지구법학에 관한 생각을 정리하여 『야생의 법 – 지구법 선언(*Wild Law:*

1 엘리자베스 콜버트, 이혜리 옮김(2014), 『여섯번째 대멸종』, 처음북스, 27쪽.

A Manifesto for Earth Jurisprudence)』이란 책으로 출간하였다.[2] '지구법학(Earth Jurisprudence)'은 '인간은 더 광범위한 존재 공동체의 일부분이고 그 공동체 구성원의 안녕은 지구 전체의 안녕에 의존한다는 사실에 기초한 법과 인간 거버넌스에 관한 철학'이다.[3] '야생의 법(wild law)'이란 용어는 이 책에서 처음 사용되었다. 야생의 법은 지구 공동체의 모든 구성원들이 행성 지구와 지속적인 공진화 속에서 자기 역할을 수행할 수 있는 자유를 창출하는 방식으로 인간을 규율하는 법이다. 야생의 법은 지구법학에 따른 인간 종의 법체계로서, 법의 한 분야 내지 법의 모음이라기보다는 인간 거버넌스에 대한 접근으로 이해할 수 있다.[4]

오늘날 심각한 생명 파괴 현상 앞에서 우리는 왜 적절한 대응을 하지 못하고 자기파괴적으로 행동하는 걸까? 그 원인을 분석하면서, 코막 컬리넌은 먼저 지배적인 문화에 내면화되어 있는 '인간은 환경으로부터 분리돼 있고 지구의 건강이 악화되더라도 번성할 수 있다'

2 이 책의 제1부와 제5부는 각각 프롤로그와 에필로그의 성격을 갖고 있으므로 본문은 제2, 3, 4부라 할 수 있는데, '관찰-판단-실천(see, judge, act)'의 3단계 전개 방식을 따르는 것으로 보인다. 제2부 '우리가 아는 세계'에서는 현재의 법과 거버넌스가 오늘날 일상적으로 일어나는 생명 파괴 현상을 어떻게 영속화하고 보호하고 정당화하는지를 보여준다. 제3부 '지구 거버넌스'는 지구법학에 대한 설명으로서, 인간법학은 우주의 위대한 법학에 종속할 수밖에 없고, 본질적으로 인간을 포함한 모든 존재가 가장 근본적인 우주로부터 도출되는 내재적 권리를 갖는다고 한다. 제4부 '야생지로의 여정'은 지구법학을 구체적으로 적용하고자 하는 코막 컬리넌의 모색 과정을 보여주는데, 새로운 거버넌스 형태를 찾기 위해서는 우선 생각을 미래로 도약시켜 목표를 달성했을 때 대체 어떤 모습일까 상상하는 것에서 출발하되, 추상적 개념화와 이론화를 지양하고 상상과 논리를 넘어서 정서적이고 물리적인 차원에서의 참여가 요구된다고 한다. 최선호(2018), 「지구의 꿈, 법이 되다」, 『녹색평론』 제160호(2018년 5~6월), 228~236쪽.

3 'earth jurisprudence' from Wikipedia.

4 코막 컬리넌, 박태현 옮김(2016), 『야생의 법』, 로도스, 53~54쪽.

는 자립성의 신화를 지적하였다. 양자이론에 기초한 새로운 물리학이 근대과학의 환원주의적 분석을 전복시켰음에도 인간의 법체계는 여전히 '자연으로부터의 분리'라는 우주에 대한 잘못된 이해에 기초하여 규율되고 있다. 이와 같은 그릇된 신념은 인간중심적 세계관으로 이어진다. 지난 수세기 동안 인간은 자연 세계로부터 스스로를 소외시켜 인간만의 세상을 구축해왔고, 지구와의 관계에서 자폐적으로 되어왔다. 지배 사회의 인간중심주의는 어느 영역에서보다 법에서 더 분명하게 드러나는데, 법은 한 사회를 형성하는 기능과 함께 현상 유지 기능도 수행하기 때문에 어떤 가치관이 일단 법으로 전환되어 견고해진 후에는 변화하는 데 지체 현상이 생기게 된다. 우리의 세계관과 사회에 대한 전망은 마치 벽에 걸린 그림의 틀처럼 법과 정치 체계의 범위를 정해버리기 때문에, 데카르트 이원론과 인간중심주의라는 망상에 사로잡힌 인간의 법체계는 법의 더 넓은 맥락인 지구체계와의 연결성 또는 연속성을 잊은 채 법의 원천이 인간에게 있다고 주장하는 것이다. 이러한 타성을 극복하고 현대의 시스템적이고 통합적인 세계관에 기초하여 법학과 거버넌스 체계의 근본 방향을 재정립하지 않고서는 우리 사회가 기능하는 방식에서 실제적인 변화를 얻어낼 수 없다. 법학과 거버넌스 체계에서 보다 근본적인 패러다임의 전환이 이루어지지 않는다면, 우리 사회와 국가, 그리고 국제사회는 직면한 지질학적 변환기[5]에 효율적이고 체계적으로 기능할 적절한 대응책을 내놓을 수 없

5 오늘날 많은 과학자들은 인류가 환경에 미친 막대한 영향이 지구를 새로운 지질시대로 진입하게 했다면서 현 지질시대인 홀로세(충적세, Holocene Epoch)를 끝내고 파울 크뤼천(Paul Crutzen)이 2000년에 제안했던 '인류세(Anthropocene Epoch)'라는 새로운 지질시대를 공식화해야 한다고 주장한다. 인류세의 시작 시점으로는 화석연료 사용이 급증한 1800년대 산업혁명

을 것이다. 법학에서 패러다임의 전환을 이루기 위해서는, 먼저 개인적으로 세계를 이해하는 방식에서 변화가 이뤄져야 하고, 다음으로 인간 사회 내지 지배적인 거버넌스 패러다임의 전환, 그리고 지구법학의 발전, 마지막으로 야생의 법 접근법 채택 및 더 야생적인 법의 실행이 있어야 한다.[6]

에얼리 콘퍼런스에서 토마스 베리(Thomas Berry)와 앤드루 킴브렐(Andrew Kimbrell) 등은 토마스 베리의 지구법학을 이해하고 에얼리 원칙(the Airlie Principles)이라고 알려진 지구법학의 원리를 추출하기 위해서 토론하였다.[7] 지구법학은 1999년 토마스 베리가 지구 공동체 전체의 복리를 위해서 정치적 및 법적 질서, 경제 및 산업 세계, 교육, 종교의 네 가지 제도적 영역에서의 근본적인 재조직을 요구하는 『위대한 과업(*The Great Work*)』을 출간했을 때부터 발아하였다.[8] 토마스 베리

이나 제2차 세계대전이 끝난 1950년경이 논의되고 있다. 그런데 국제지질학연합(IUGS) 산하 국제층서위원회(ICS)는 2016년에 인류세의 지질시대 편입을 검토하겠다고 밝혔다가 갑자기 2018년 7월 우리가 지난 4200년 동안의 새로운 지질연대인 '메갈라야기(Meghalayan Age)'에 살고 있다고 선언했다. ICS에 의하면 메갈라야기는 4200년 전 해양, 대기 순환의 변화로 인해 발생한 대규모 가뭄과 함께 시작되었는데, 극심한 지구온난화가 이미 4200년 전에 발생했고 이로 인해 고대 인류 문명에 큰 변화가 있었으며 유사한 현상이 지금까지 이어지고 있다는 것이다. 그에 따라 홀로세는 마지막 빙하기(또는 빙기)가 끝난 1만 1700년 전부터의 그린란드기, 8300년 전부터의 노스그립기, 4200년 전부터의 메갈라야기 세 단계로 나뉘게 되었다. 그러나 많은 과학자들이 이와 같은 ICS의 결정에 반발하고 있어서 논란은 계속 이어질 것으로 보인다.(BBC, 2018. 7. 18. 기사)

6 『야생의 법』, 104~105쪽.

7 토마스 베리는 2001년 에얼리센터에서 「권리의 기원과 분화 그리고 역할(The Origin, Differentiation and Role of Rights)」을 발표하였다. 『야생의 법』, 177~178쪽.

8 www.gaiafoundation.org 참조.

는 산업문명의 후유증으로 야기된 생태계 파괴의 직접적 원인은 인간이 산업혁명과 이후 발달한 과학·기술을 오용하여 자연을 착취한 데 있지만, 보다 근원적인 이유는 이를 방임하는 세계관이나 우주관에 있다고 하였다. 그러면서 산업문명 이후의 문명 형태로는 과학·기술을 최첨단으로 발전시켜서 환경파괴 문제도 해결할 수 있다고 주장하는 첨단기술문명(기술대)과 인간과 자연의 관계를 상호 공존하는 방향으로 재정립하고자 하는 생태문명(생태대)의 두 가지 길이 있는데, 인간과 지구 생태계가 미래에 생존하기 위해서는 첨단기술문명이 아니라 생태문명을 선택해야 한다고 한다.[9] 생태문명으로의 전환을 위한 일련의 작업은 토마스 베리가 『지구의 꿈』에서 말한 '문화 부호(cultural code)를 유전 부호(genetic code)의 명령과 적절히 관련짓는 문제'라 할 것이다. 우리는 상황이 혼란스러울 때 문화 전통 또는 문화 부호로부터 인도를 받으려는 경향이 있는데, 지금 우리의 요구는 문화 전통이 줄 수 있는 것을 넘어선 것으로 보인다. 인도를 받기 위해, 우리는 문화 부호를 넘어서 우리의 유전 부호로 돌아가는 것이 필요하다. 유전 부호의 지시를 따른 후에는 우리 존재의 원천인 지구에게로 갈 필요가 있다. 그리고 지구의 인도를 요청해야 한다. 우리의 혼란은 우리 내면에만 있는 것이 아니라 지구 공동체에서 우리가 맡은 역할과도 관계가 있다. 우리는 지구를 넘어서 우주로 갈 필요가 있다. 그리고 우리 존재의 심오한 신비를 지구보다 더 간직한 우주에게 실제와 가치라는 기본적인 문제에 대해 질문해야 한다.[10]

9 한국환경정책·평가연구원 엮음(2018), 이재돈, 「생태문명으로의 전환」, 『생태문명 생각하기』, 크레파스북, 23~27쪽.

10 토마스 베리, 맹영선 옮김(2013), 『지구의 꿈』, 대화문화아카데미, 293~294쪽.

에얼리 콘퍼런스 이후로 가이아재단 등은 지구법학에 관한 워크숍 등 각종 행사와 활동을 지속적으로 진행하고 있다. 또 2008년 9월 에콰도르는 자연의 권리를 헌법에 규정하였고, 인도, 뉴질랜드, 콜롬비아 등 여러 나라의 법원은 자연의 권리에 대한 흥미로운 판결들을 선고하고 있다. 라틴아메리카에서는 2010년 4월 22일 '세계지구권선언(Universal Declaration of Mother Earth Rights)'을 선포하는 등 국제적 차원의 운동 또한 활발해지고 있다. 최근 들어서는 유엔 총회가 전 세계 지구법학 전문가들과 함께 지속가능한 지구를 위한 '하모니 위드 네이처(Harmony with Nature)'라는 대화(dialogue)를 진행한 후 매년 보고서를 작성하고 있다.[11]

위대한 법학과 야생성

법이 효과를 발휘하려면 법이 관심을 갖는 주제의 본래 성격을 파악하는 것이 필요하다. 거버넌스 체계는 그것이 규율하고자 하는 것의 특성을 어느 정도 반영하거나 적어도 조응해야 한다.[12] 인간의 법체계는 지구체계 내에 존재하며, 지구체계는 우주의 일부이다. 지구 안에서 기능하는 인간의 법체계와 거버넌스 체계를 만들고자 한다면, 인간 세계에만 머물러 있던 우리의 관심을 자연 세계로 확장해야 한다. 우주는 역동적 관계망으로 구성된 단일한 통합적 전체이며, 우주의 어떠한 부분도 전체와의 관계를 떠나서는 이해할 수 없다. 우리는 우리 존

11 www.peopleforearth.kr 참조.
12 『야생의 법』, 44쪽.

재의 원천인 지구, 우리 존재의 심오한 신비를 간직한 우주의 특성을 반영하고 조응해야 하며, 지구 공동체에서 우리 인간의 위치와 역할이 무엇인지 질문해야 한다.

코막 컬리넌은 우주의 모든 측면 안에는 위대한 법학(Great Jurisprudence)이 쓰여 있다고 한다. 위대한 법학은 우주의 기능 방식을 규율하는 규칙 또는 원칙 자체라기보다는 그로부터 도출된 우주의 어떤 특징이다.[13] 예를 들면, 토마스 베리와 브라이언 스윔은 『우주 이야기』에서 "모든 공간은 닮았다"라는 우주론적 원리(Cosmological Principle)를 확장하여 "진화의 역학은 우주 어느 곳에서나 같다"라는 우주 생성의 원리(Cosmogenetic Principle)를 주장한다. 우주 생성의 원리에 따르면 우주의 진화는 모든 시공간과 존재의 모든 단계에서 분화(differentiation), 자기조직(autopoiesis), 친교(communion)라는 특징을 갖는데,[14] 생명체의 진화에서는 변이, 적소 창조, 자연선택의 역학으로 작용한다. 우리 인간은 우주의 일부이므로 이성의 사용뿐 아니라 자연과의 공감 그리고 자기성찰을 통해 위대한 법학의 원칙을 이해할 수도 있다. 지구법학의 발달에서 인간 존재의 본성과 그 본성의 더 넓은 우주와의 유대를 고려하는 것은 중요하다. 지구법학과 위대한 법학 간의 관계는 인간 본성과 자연 간의 관계와 같다.[15]

그런데 이와 같이 규범을 우주의 어떤 특징으로부터 이끌어내는 것은 가능한가? 인간 세계를 자연 세계(nature)와 분리하여 이분법

13 『야생의 법』, 134~135쪽.

14 토마스 베리, 브라이언 스윔, 맹영선 옮김(2010), 『우주 이야기』, 대화문화아카데미, 123쪽.

15 『야생의 법』, 135쪽.

적으로 사고하는 서양 전통과 달리 동아시아 전통은 인간을 자연(自然)의 일부로 보고 인간과 자연의 공존과 조화를 강조해왔다. 자연 안에서는 존재(存在)가 곧 당위(當爲)이다. 지구의 기능에 있어 인간의 역할을 이해하고 인간이 어떻게 행동해야 하는지 결단하기 위해서는 먼저 자연 세계의 모든 존재에서 발견되는 자발성(spontaneity), 즉 인간에 의해 통제되지 않는 야생성(wildness)과 관련된 자발성을 이해할 필요가 있다. 우주는 우주 내의 모든 물질적 활동뿐 아니라 영적 활동에 대해서도 진정성의 규범을 자체적으로 갖고 있다. 영적인 것과 물질적인 것은 우주라는 하나의 실재가 지닌 두 가지 차원인데, 두 가지 차원 모두 궁극적인 야생성이 있다. 우주는 자애로운 동시에 두려운 존재이기도 하다.[16] 코막 컬리넌은 '법' 또는 규범과 '야생(wild)'이란 용어가 갖는 관례적인 개념상의 모순에 대해서 설명하면서, 우리가 극복해야 할 것은 '야생'과 '법', '자연'과 '문명' 사이의 잘못된 이분법의 엄격성이라는 점을 강조한다. 음과 양의 상징체계처럼, 둘은 전체의 한 부분으로, 중요한 것은 둘 간의 역동적 균형이지 일방의 다른 일방에 대한 승리가 아니다. 음이 있으면 항상 양이 존재하고, 둘이 합쳐야 전체가 된다. 양인 법의 핵심에서 음인 야생의 지점을 발견하는 것이 필요하고, 음의 야생성 안에서 양인 법의 핵심을 인식하는 것 또한 필요하다.[17] 이러한 상보성(complementarity)과 불확정성은 현대 양자역학의 독특한 특성이기도 하다.

16 토마스 베리, 이영숙 옮김(2009), 『위대한 과업』, 대화문화아카데미, 75~77쪽. 이와 같은 입장을 '우주론적 자연법론(cosmological natural law theory)' 또는 '생태적 자연법론(ecological natural law theory)'이라 부르고 싶다.

17 『야생의 법』, 52쪽.

인간 거버넌스 체계를 우주가 작동하는 법칙, 즉 위대한 법학의 근본원리에 다시 정합하게 만드는 데는 지구법학의 인도가 필요하며, 지구법학을 실효성 있는 것으로 만들고 인간 거버넌스 체계에서 체계적 변화를 이끌어내려면 야생의 법을 의식적으로 육성해야 한다.[18] 지구법학은 자신의 기원인 위대한 법학에 부합하기 위해 인간이 발전시킨 법철학으로서, 위대한 법학의 한도 내에서 작업한다. 지구법학은 위대한 법학 안에 깃들어 있으면서 그것의 확장이어야 한다. 양자는 분리된 것이 아니라 같은 패턴의 다른 측면으로 이해해야 한다.[19] 코막 컬리넌은 우주의 주요한 특질이 지구법학의 발전에 가지는 함의를 다음과 같이 정리한다. 첫째, 법학과 법의 궁극 원천은 인간권(homosphere)에서 벗어나 인간의 통제 너머로 이동, 변화해야 한다. 토마스 베리의 지적과 같이 우주는 제1의 입법자(lawgiver)이다. 둘째, 인간법학은 당연히 더 크고 중요한 위대한 법학 안에 깃들어 있으면서 그것에 기속돼야 한다. 우리의 법이론과 법이 규제하고자 하는 것의 한계, 즉 설계 한도를 인식해야 한다. 셋째, 인간의 법과 거버넌스 체계는 인간 사회뿐 아니라 더 넓은 생명 공동체와 지구 자체의 건강과 통합성에 이바지하는 인간 행동을 증진하도록 설계돼야 한다. '전체성 유지' 원칙의 적용은 통합성의 회복을 의미한다. 넷째, 일률성을 부여하려는 우리의 욕구를 재평가하고, 자기규제 시스템의 다양성, 말하자면 지구 민주주의 또는 생명주의를 받아들여야 한다. 생명주의(biocracy)란 우리 인간이 결정을 내리는 과정에 광범위한 생명 공동체를 참여시키는 것이다. 지구법학이 '분화'라는 특성에 부합하고자 한

18 『야생의 법』, 51쪽.
19 『야생의 법』, 133쪽.

다면, 인간의 우월성에 기초를 둔 관리적 접근법을 거부하고 다양한 접근법이 번성할 수 있는 환경을 창출해야 한다. 여기서 어떤 것이 '전체 유지'적인 것인지를 어떻게 식별할 수 있는가 하는 것이 하나의 중심 문제가 되는데, 이 지점에서 '친교'가 핵심이 된다. 친교는 관계들의 그물 또는 우주 전체의 다양한 측면들 간의 춤으로 이해할 수 있다. 대부분의 사안에서 우리의 언어를 사용하지 않는 인간 이외 존재와의 관계에 관련될 것이므로, 친밀성을 증가시키기 위해서 우선 지구 공동체 다른 구성원들의 요구에 민감해지는 법을 배워야 한다.[20]

생태적 사고와 실천

코막 컬리넌은 위대한 법학을 설명하면서 노자의 『도덕경』 제25장에서 다음 구절을 인용하였다.

> **사람은 땅을 본받고 땅은 하늘을 본받고 하늘은 도를 본받고 도는 스스로의 자발성을 본받는다.**(人法地 地法天 天法道 道法自然)

우주 만물의 근원인 도(道)는 '스스로의 자발성(自然)'을 본받고, 그로부터 연유한 천지인(天地人)은 도(道)와 일원론적 연관성을 갖는다. 우주를 인도하는 힘인 이 자발성은 태초의 불덩어리를 불타게 하여 엄청난 에너지를 만들어낸 그 신비로운 추진력으로 생각될 수 있다. 그

20 『야생의 법』, 141~144쪽.

불덩어리는 앞으로 존재하게 될 만물을 간직하고 있었다.[21]

태초에 소립자들과 빛, 그리고 시간이 창발했고, 잠재해 있던 공간 역시 펼쳐져 나와 그 후 우주가 존재하는 매 순간마다 계속해서 펼쳐졌다.[22] 빅뱅 후 1초도 지나기 전에 우주는 하나의 대칭적인 원시 힘(primordial force)으로부터 중력 작용, 전자기적 상호작용, 강한 핵 상호작용, 약한 핵 상호작용 등 네 가지 상호작용으로 분화되고, 스스로 수백만 번의 전환을 거쳐 광자에너지가 양자 진공으로부터 새로운 입자들을 더 이상 끌어내지 못하는 지점까지 팽창하였다.[23] 입자들과 반입자들의 거대 소멸이 끝난 후 우주에는 초기 물질의 10억분의 1 정도만 남게 되었는데, 영속적인 관계 맺기를 통하여 원시 핵을 합성하기 시작하였다. 10억 년 후에 은하들이 탄생하고 초신성이 폭발하면서 새로운 원소들이 생겨났다. 지금으로부터 50억 년 전, 1천만 년의 기간 동안 은하수 은하에서 밀도파의 충격으로 수백만 개의 별이 탄생하였고 초신성 폭발이 이어졌는데, 작은 구름들 중 하나에서 우리 태양계가 형성되었다. 지구는 적당한 크기와 태양과의 적당한 거리 덕분에 대기와 대양과 대륙을 낳고 유지할 수 있었으며, 생명체가 생겨날 수 있었다. 생명은 진화 과정을 거치면서 암석권, 수권, 대기권의 지질학적 순환에 참여하게 되었다. 생물들은 6억 년 전 원생누대에서 현생

21 『지구의 꿈』, 296쪽.

22 『우주 이야기』, 34쪽.

23 플랑크 시기(0~10^{-43}초), 대통일 시기(10^{-43}~10^{-35}초), 인플레이션 시기(10^{-35}~10^{-32}초), 약전자기 시기(10^{-32}~10^{-12}초), 쿼크 시대(10^{-12}~10^{-6}초), 하드론 시대(10^{-6}~1초)를 거쳐 렙톤 시대(1~10초)에 이르게 되는데, 하드론 시대에서 렙톤 시대에 접어들 무렵 대부분의 하드론과 반하드론이 소멸되면서 소량의 하드론 초과분이 살아남게 된다. 짐 배것, 박병철 옮김(2017), 『기원의 탐구』, 반니, 25~99쪽.

누대로 접어들 무렵에 생존하기 가장 알맞은 크기로 진화하였는데, 그 최적 범위가 중간우주(mesocosm)이다. 생명은 '복잡성의 물질적 결과'로서 부대 현상이 아니라 현상의 본질 자체이다. 미시우주(microcosm)는 양자(quantum), 거시우주(macrocosm)는 상대성(relativity)이라는 특별 효과를 통해서 각각 무한의 특성을 드러낸다면, 중간우주 속에서 제3의 무한인 극대 복잡성의 특별 효과는 생명(life)이다. 생명은 한 방향으로는 영양 섭취와 번식 등의 외적인 특성을 보이고, 다른 방향으로는 내면화, 정신 현상 등의 내적인 특성을 보인다.[24]

600만 년 전 인간의 조상과 침팬지의 조상이 분화되었을 때는 누구도 예상할 수 없었으나, 인간의 출현은 생명의 영역에 이루 말할 수 없는 동요를 일으켰다. 인간이 출현하기 전까지 지구가 기능을 수행하는 방식은 암석권, 수권, 대기권 및 생물권의 순환이었으나, 인간의 출현과 진화로 의식의 폭발이란 생물학적 혁명이 일어나고 정신권(noosphere)이 추가되었다.[25] 인간은 진화의 결과이고 우주와 지구의 역사에서 이제 막 태어난 존재라 할 수 있지만, 성찰(반성)을 통하여 진화, 특히 의식의 진화에 개입할 수 있는 존재가 되었다. 우리는 예전에 우리를 지배했던 자연의 힘을 지배하고 있다. 예전에는 지구가 직접 활동했지만 이제 지구는 의식을 가진 인간 안에서 인간을 통해서 활동하고 있다.[26] 구석기시대에 인간은 자연 세계와 친밀한 관계(rapport)를 확립하였고 의식적으로 자신의 생명 과정을 우주의 과정에 통합시키

24 떼이야르 드 샤르뎅, 이병호 옮김(2006), 『자연 안에서 인간의 위치』, 분도출판사, 29~44쪽.

25 떼이야르 드 샤르뎅, 양명수 옮김(1997), 『인간현상』, 한길사, 159~201쪽. 『자연 안에서 인간의 위치』, 101~135쪽.

26 『지구의 꿈』, 79쪽.

려는 정신적 경향을 가지고 있었다. 가장 원시적인 부족들조차 우주와 우주 안에서의 인간의 역할에 대해서 넓은 시야를 가지고 있다. 그 시야는 밖으로는 먼 천계(天界)에 미치고 안으로는 인간 내면의 심층에까지 미친다. 우리는 살아 있는 실체로서의 지구에 다시 매혹되어야 한다. 우리 시대의 역사적 사명은 종의 차원에서 인간을 재창조하는 것이다. 공유된 역사와 희망의 경험을 바탕으로, 시간과 발전의 맥락에서, 그리고 생명체계의 공동체의식 안에서, 비판적 반성을 통해 인간을 재창조하는 것이다.[27]

새로운 거버넌스 형태를 찾는 과정은 사회가 진실한 것으로 가정하는 것들 중 많은 부분에 대해서 질문을 던지고 궁극적으로 폐기할 것을 요구한다. 그러나 사회적으로 구축된 파편화된 지식은 물론 우리 문화 자체를 넘어서 사고하기란 매우 어려운 일이다. 우리는 미래에 대해서 생각할 때 과거와 현재로부터 추론하는 경향이 있지만, 거버넌스에 관한 우리의 접근방식을 전면적으로 바꾸고자 한다면 오히려 생각을 미래로 도약시켜 우리가 달성하고자 한 것을 달성했을 때 그것은 대체 어떤 모습일까를 상상하는 데서 출발하는 것이 도움이 된다. 그러나 이와 같은 접근법은 추상적 개념과 이론으로 나아가게 하는 경향이 있다. 이러한 경향은 생태학의 거의 모든 것이라 할 수 있는 실제 복잡성(real complexity)으로부터 멀어지게 하는 것이므로 지양되어야 한다. 거버넌스를 '생태적(ecological)' 방식으로 사고하는 데는 실제 적용 가능한 기초 이론은 물론 정서적이고 물리적인 차원에서의 참여가 요구된다. 지구법학을 식별하는 데는 상상과 논리를 넘어 참여가 요구되는 것이다.[28]

27 『위대한 과업』, 207쪽.
28 『야생의 법』, 209~210쪽.

코막 컬리넌은 자신의 경험을 바탕으로 생태적인 방식으로 지각하고 이해하는 데 필요한 몇 가지 조언을 한다. 첫째, 자신이 가진 편견을 확인·파악하고, 겸손의 중요성을 기억함으로써 마음을 자유롭게 해야 한다. 두려움을 넘어 더 크고 전도유망한 미래로 나아가려면 지적 타협과 진부함으로 빠지려는 유혹을 극복해야 한다. 둘째, 늘 제1원칙으로 되돌아가 시작점에서 출발하는 것이 중요하다. 우리가 아는 모든 것의 궁극 원천은 우주다. 인간은 지구나 우주 안의 한 존재라기보다는 지구, 나아가 우주 그 자체의 한 차원이다. 궁극적으로 어떤 의미 있는 문제에 대해 우리를 인도해줄 주체는 이 포괄적인 원천, 우리 내부의 자발성으로부터 나와야 한다.[29] 우리가 지구와 우주의 본성이라고 아는 것으로 돌아가 우리의 거버넌스 체계를 이 원칙과 조화시키는 것이 중요하다. 셋째, 배우는 방법을 배워야 할 필요가 있고 새로운 접근법에 열려 있어야 한다. 우주의 언어는 기본적으로 경험적인 것이다. 야생성과 자연 그리고 가능하다면 야생지에 공감하며 다시 연결되고 관여하려 노력해야 한다. 우리는 주의 깊게 관찰하고 귀 기울여야 한다. 우주를 듣고 이해하는 것은 우리 각자 안에 내재한 직관 또는 지혜에 주의 깊게 귀 기울임을 의미한다. 넷째, 나 자신이 횡단하려는 지형에 능숙하고 지식을 가진 사람에게 귀 기울이고 그에게서 안내받는 것은 무척이나 귀중하다. 끝으로, 위대한 법학을 반영함으로써 모든 법학이론을 변화시킬 수 있는 일거의 해결책을 고안할 수 있다는 유혹에 빠지지 않도록 경계해야 한다. 지구의 진화는 획일성이 아닌 다양성으로 나아가는 경향이 있음을 기억할 필요가 있다.[30]

29 『지구의 꿈』, 294쪽.
30 『야생의 법』, 211~222쪽.

야생의 시간: 때

시간은 질서 있게 앞으로 나아가는 비가역적이고 연계적인 변천 과정이기도 하지만 또한 신축적이고 순환적이기도 하다. 시간에 관한 이 두 가지 이해 양식은 상호보완적인 것이다. 20세기의 가장 중요한 변화는 우주에 대한 우리의 인식이 질서정연한 우주(cosmos)에서 발생하고 있는 우주(cosmogenesis)로 이행한 것이지만, 인간 의식이 시작된 이래 죽음과 재생의 순환 속에서 늘 소생하는 계절의 연속은 인간의 사고에 매우 강력한 영향을 주었다.[31] 새로운 거버넌스 형태를 탐구하기 위해서는 야생의 시간, 즉 인간 인식의 초기 양식에 주목할 필요가 있다. 인간은 역사의 초창기에 어떤 특정한 공간적 관점에서 우주를 인식하였고, 시간은 영원히 반복되는 계절의 순환 양식으로 움직인다고 이해하였다. 이러한 맥락에서는 절기, 즉 때(타이밍)가 중요하다.

우주 공간이 출현했을 때 그 출현 속도는 태초의 절묘함을 보여주는데, 만일 우주 공간이 10^{-12}퍼센트만 늦게 펼쳐졌어도 우주는 양자거품으로 붕괴되었을 것이고, 반대로 조금 더 빨리 펼쳐졌어도 우주를 구성하는 요소들이 너무 멀리까지 흩어져서 어떤 흥미로운 일도 일어나지 않았을 것이다.[32] 하나의 형태이던 원시 힘이 일정한 강도를 갖는 네 종류의 힘(상호작용)으로 분화되었을 때 우주가 이를 조금 더 강하게 설정했더라면 다음 세대의 모든 별들은 짧은 시간 안에 바로 폭발하여 생명의 탄생이 불가능했을 것이고, 중력을 조금만 다르게 설정했더라도 미래의 모든 은하는 제대로 모습을 갖추지 못했을 것이다.

31 『우주 이야기』, 7쪽.
32 『우주 이야기』, 34쪽.

우주는 스스로 팽창하고 기본적인 통일성을 확립함으로써 우주 작용의 절묘함을 드러냈는데, 이렇게 절묘한 작용들은 미래에 번창하게 될 거대하고 복잡한 모든 가능성을 열어두고 유지하는 데 필요한 것이었다.[33] 빅뱅 후 1초도 지나지 않아 우주의 두 번째 전이가 시작되는데, 입자와 반입자 간의 거대 소멸이 끝나고 원시 핵이 합성되기 시작하였다. 이때도 그 펼쳐짐이 조금만 느렸다면, 그래서 우주의 온도가 보다 천천히 저하되었다면, 원자핵 입자들의 견고한 결합을 가능하게 하는 창문이 더 오랫동안 열려 있었을 것이고, 양성자와 중성자들은 헬륨이나 리튬에서 멈추지 않고 철의 핵을 형성할 때까지 결합을 계속했을 것이다. 그러나 우주는 매우 섬세한 방식으로 '칼날 위의 상태를 스스로 절묘하게 유지'하면서 팽창하여 태초의 가장 가벼운 원소인 수소의 핵을 안정화시킬 수 있었다. 그 가벼운 수소의 핵은 최초의 살아 있는 세포의 출현에 필수적이었다.[34] 줄탁동시(啐啄同時)는 선종의 선어록인 『벽암록(碧巖錄)』에 나오는 공안의 하나이다. 암탉이 알을 품고 있다가 달이 차서 부화할 때 알 속의 병아리가 안에서 껍질을 쪼는 것을 줄(啐)이라 하고, 반대로 어미 닭이 그 소리를 듣고 밖에서 마주 쪼아 껍질을 깨뜨려주는 것을 탁(啄)이라 한다. 줄과 탁에 의해 껍질이 깨지고 안에서 병아리가 나오는데, 줄과 탁이 동시에 이루어지지 않으면 병아리는 안에서 죽어버리고 만다.[35] 지구 거버넌스는 이와 같이 주의 깊게 듣는 것, 충분한 시간 속에서 지혜가 저절로 떠오르게 하는 것, 그리고

33 『우주 이야기』, 37쪽.

34 『우주 이야기』, 42쪽.

35 불가(佛家)에서는 이 말을 스승이 제자를 끊임없이 보살펴서 그 근기가 무르익었을 때 깨달음의 길로 이끌어주는 사제 간의 인연에 비유하여 많이 사용한다.

행해야 할 순간과 행하지 말아야 할 순간을 인정하는 것에 관한 것이다. 어떤 것이 지금 행해지는지 또는 나중에 행해지는지에 따라 둘은 동일한 사건이 아니고 또 우주에 미치는 영향도 상당히 다르므로, 행해지는 시기, 즉 때(타이밍)가 가장 중요하다.[36]

근대의 기계론적 과학은 자연 세계를 무한한 원자들과 소립자들의 우연한 조합으로 환원시킴으로써 사물 안에 있는 주체성을 제거하고 그동안 인류가 경험해온 우주의 리듬과 춤에 대한 감각을 약화시켰다. 리듬과 음악 그리고 시간은 지구 거버넌스와 관련된다. 일부 거버넌스는 기업이 선호하는 빠른 속도로, 심장을 마구 뛰게 하는 스타카토의 기계 박자에 맞춰 재빠르게 의사결정을 해버린다. 다른 관료제는 비엔나 왈츠와 같이 위풍당당하게, 그러나 자기에 몰입한 결론으로 나아간다. 시계가 가리키는 단선적인 시간 안에서 기계적으로 사고할 뿐, 결정하기에 충분히 숙성되었는지는 즉 때가 되었는지는 안중에도 없다. 정치적으로 시의적절한 순간인지는 숙고하겠지만, 지구 리듬과의 관계는 고려하지 않는다. 그러나 태초부터 우주가 정신적-영적 차원을 지닌 존재였다고 인식하는 새로운 관점은 우리의 메마른 영혼을 고양시키고 지구가 난 한 번 주어진 선물이라는 사실을 깨닫게 한다. 우리는 우주 안에서 지구와 같은 다른 행성을 알지 못한다. 지구 거버넌스는 우리에게, 특히 의사결정과 관련해 거버넌스의 시간 차원에 대해 다시 생각하기를 요구한다. 지구 공동체의 춤에 충분히 참여하기를 바란다면, 우리는 그 박자를 주의 깊게 듣고 우리의 박자감과 타이밍을 그에 맞춰 조정해야 할 필요가 있다.[37]

36 『야생의 법』, 224쪽.
37 『야생의 법』, 234~235쪽.

현존하는 생명체의 유전자는 영겁의 시간 속에서 특정한 지구 생명 공동체의 일부로 공진화한 결과물이고, 자연 세계의 기술이 축적되고 보존된 것이다. 50억 년 전 은하수 은하의 주변부에서 태양계가 형성된 후 10억 년이 지났을 무렵 태양과 지구의 창조력은 생명을 잉태하였다. 초기 원핵세포들은 화학물질을 먹이로 증식하고 변형되었으며, 한 변이종은 빛의 입자를 포획할 수 있는 분자망을 찾아냈다. 단 한 번 등장했던 창조성은 세포의 유전 기억으로 보존되었다. 생명체는 암석권, 수권, 대기권이 요동치며 상호작용하던 초기 지구에서 기생적 존재에 불과하였으나, 점차적으로 지질학적 순환에 개입하면서 지구의 역학에 동등한 협력자로 참여하게 되었다. 바다에서 수소를 획득하는 청록 세균의 등장으로 산소가 10억 년 이상 지질학적 순환체계로 방출되자 산소의 농도가 지나치게 높아졌고, 세포 내부에서 생겨난 불의 공격으로 생명체가 사라지기 시작하였다. 이와 같이 강력한 산소 구름이 시생누대(Archean Eon)의 생명력을 질식시켰을 때 산소를 처리하는 호흡 능력을 가진 시아노박테리아가 등장하여 생명권의 붕괴를 막았다. 산소화된 가이아 체계에서 등장한, 원생누대(Proterozoic Eon)의 가장 획기적인 창조물은 생물체 내부공생(endo-symbiosis)을 시작한 진핵세포(eukaryote)였다. 진핵세포는 나아가 포식자-피식자라는 생태 공동체 관계를 통한 외부공생(exo-symbiosis), 감수분열로 유성생식을 하는 생식유전 공생(sexual-genetic symbiosis), 새롭고 고차원적인 자기조직체를 출현시킨 다세포 공생(multicellular symbiosis)을 통해서 진화하여 중간우주를 찾아냈다. 현생누대(Phanerozoic Eon)의 시작을 알리는 캄브리아기 대폭발 시기에 지구 생물 대부분의 조상이 탄생하였다. 고생대(Paleozoic Era)에 생물들은 단단한 껍질을 발명하였고, 척추동물이 등장하였다. 식물은 최초로 땅 위로 모험을 감행하여 중력에 저항할 수 있는 목질세포를 만들었고, 겉씨식물을 완성시켰다. 건조한 육지를 정복하기 위하여 절지동물은 체내에 물을 보유할 수 있는 외골격을 발명하였고, 거대한 포식자를 피해서 바다에서 담수로 이동한 어류 중 어떤 물고기가 허파를 발명하고 양서류로 진화하여 육상으로 진출하였다. 페름기 멸종으로 생물종의 75~95퍼센트가 사라지고 중생대(Mesozoic Era)가 시작되었다. 이 시기에 동물은 유양막이 있는 알과 온혈(溫血)을 창안하여, 조류와 최초의 포유류인 유대류가 등장하였다. 또 식물의 세계에서도 현화식물인 속씨식물이 등장하여 곤충과의 공생으로 번성하기 시작하였다. 6,700만 년 전 백악기 멸종으로 시작된 신생대(Cenozoic Era)의 지배종은 태반 포유류였고, 식물의 세계에서는 현화식물의 분화가 지속되었다. 대륙의 이동으로 남극대륙과 오스트레일리아가 분리되고 그린란드와 스칸디나비아반도 사이가 균열되어 한류가 순환함에 따라 새로운 기후인 빙하기(ice age)가 창조되었다. 풍성한 숲이 건조한 사바나가 되자 한때 나무에 거주하던 영장류 집단이 초원으로 내려와 직립보행을 하고 작은 가족 단위로 집단생활을 하면서 생존하는 법을 배웠다.[38] 최초의 유인원이 침팬지의 조상과 분화한 시기는 불과 600만 년 전이고 현생인류가 출현한 것은 20만 년 전에 불과하다.

유전자 변형 기술 분야는 야생의 시간에 역으로 맞서 속도를 높이는 곳 가운데 하나이다. 바이오산업은 생명공학기술을 이용하여 생물체가 가지는 유전, 번식, 성장, 자기제어 및 물질대사 등의 기능과 정보를 인류에게 필요한 유용물질과 서비스로 재가공 생산하는 고부가

38 빙하기가 중요한 이유는 인류의 진화와 관련되기 때문이다.

가치 산업으로 각광을 받고 있다. 많은 국가들이 생명공학기술을 이용하여 가공한 유전자 변형 유기체를 사유화하고 독점화할 수 있도록 법적으로 뒷받침하고 있으며, 주요 거대 기업들은 수익을 극대화하기 위해서 유기체의 세포 안에 새겨져 있는 지구 공동체의 축적된 경험을 사유화·독점화하려는 경쟁에 나서고 있다. 그 과정에서 새로운 유전자 변형 유기체가 의식적으로 설계, 급조돼 대량생산되는데, 이들은 토착 유기체들과 달리 살아남기 위해서 장기간 동안 특정 지구 공동체를 강화하는 어떤 능력도 드러낼 필요가 없다. 유전자 변형 유기체는 수익을 극대화하는 방향으로 설계되지 지구 공동체의 통합성에 기여하는 방향으로 설계되지 않는다. 자연으로 방출된 유전자 변형 생명체가 책임의식을 지닌 지구시민임이 판명된다면, 그것은 어디까지나 행운이지 설계의 결과는 아닐 것이다. 우리 거버넌스 체계가 위대한 법학과 그처럼 일치하지 않는 이유 가운데 하나는 우리가 때(타이밍)라는 시간관을 잃었기 때문이다.[39] 이는 『맹자』「공손축(公孫丑)」 장에 나오는 우화를 떠올리게 한다. 송나라의 농부 하나가 모를 심었는데 잘 크지 않았다. 어떻게 하면 빨리 자라게 할 것인지 궁리한 끝에 생각해낸 것이 손으로 순을 잡아 뽑는 것이었다. 그래서 모의 순을 하나하나 뽑아 올렸는데, 여간 어려운 일이 아니었다. 농부는 피로한 낯으로 집에 돌아와서 집안 식구들에게 "아, 오늘은 참 피로한걸. 모가 너무 작아서, 자라는 것을 도와주고 왔다(助苗長)"라고 하였다. 이 말을 들은 집안사람들이 놀라서 급히 논으로 가보았더니, 모가 전부 죽어 있었다. 이 우화는 맹자가 제자 공손축에게 호연지기(浩然之氣)를 키우려면 마

39 『야생의 법』, 230~232쪽.

음을 도의(道義)의 성장에 따라서 서서히 키워나가야 한다는 점을 비유로 이야기한 것이지만, 오늘날 생명공학기술 발전에 열을 올리는 사람들에게도 교훈이 될 것 같다.

야생의 장소: 땅

모든 토지는 지구의 일부이므로 인간과 토지의 관계는 지구 거버넌스와 지구법학에서 핵심적으로 중요한 문제이다.[40] 지배적인 법체계의 저변에는 개인의 인권 존중과 함께 '인간이 소유하고 사용하기 위한 자연'이란 개념이 자리 잡고 있다. 자연 세계는 산업화와 상업화를 위해서 존재할 뿐, 실체로서 자유에 대한 고유한 권리를 갖지 못한다. 그러나 법적으로 자연의 고유한 권리를 인정하지 않는다면 산업사회의 지속가능한 미래도 있을 수 없다. 개인에 의해서든 법인에 의해서든 지구를 소유물로 여기고 계속 사용하는 문제는 무엇보다 더 심각하게 받아들여져야 한다.[41]

1만 2천 년 전 식물의 경작과 동물의 가축화를 통하여 식량이 안정적으로 공급되기 시작하면서 인구가 폭발적으로 증가하고 인류의 대부분이 수렵·채집에서 농경·정착으로 생활방식을 옮김에 따라 신석기 촌락이 등장하였다. 농경시대로 접어들면서 토지는 중요한 생산수단으로 여겨졌고, 이후 토지소유권은 정치권력과 연관되었다. 근대의 소유권 제도는 토지에 대한 봉건적인 제약을 폐지하면서 확립되었는

40 『야생의 법』, 237쪽.
41 『위대한 과업』, 90쪽.

데, 지배적인 법체계는 토지를 재화의 일종인 부동산, 즉 권리의 객체인 물건으로 이해한다. 토지소유자는 토지를 직접적·배타적·전면적으로 지배하여 사용·수익·처분할 수 있는 권리를 가진다. 1789년 프랑스의 「인간과 시민의 권리 선언」은 소유권을 신성불가침한 절대적인 것으로 표방하고 사유재산제의 기초를 확립하였으나, 이후 소유권의 절대화에 따른 부작용이 사회문제화되면서 사권의 공공성이 강조되기 시작하였다. 1919년 바이마르 헌법 제153조 제3항은 "소유권은 의무를 수반한다"고 규정하였다. 우리나라도 헌법 제23조 제2항에서 "재산권의 행사는 공공복리에 적합하도록 하여야 한다"고 규정하고, 개별 법령을 통하여 제한을 가하고 있다. 그러나 이와 같은 제한은 인간에 대해서 가지는 효용성이라는 측면에서 공익과 사익을 비교 형량하여 지나치게 사익을 추구하지 못하도록 제한하려는 것이지, 땅 또는 거기에 거주하는 다른 유기체들의 권리 또는 그들을 보살필 법적 의무까지 고려하는 것은 아니다.

토지/땅과 지구가 성스러운 차원을 가지고 있다고 믿든 안 믿든 간에 땅이 인간의 정신과 마음에 행사하는 힘은 부정할 수 없다.[42] 다양한 인간 공동체의 세계관은 특수한 전통들이 자라났던 땅과의 고유한 관계로부터 영향을 받는다. 실향민이나 해외 동포들이 보여주듯이 인간은 조상으로부터 물려받은 정체성을 지키려고 애쓰는 경향이 있는데, 이러한 정체성은 대부분 땅, 즉 기원(origin)과 관련된다. 몬태나주의 보호 거주지에 살고 있는 압살로크-크로 인디언들은 자신들과 산 사이의 관계를 표현하는 아쉬키쉐 의례를 통하여 떠나온 고국인 북부

42 『야생의 법』, 237쪽.

평원과의 전통적 관계를 지속한다. 이들은 크로 축제 마지막 날의 신년 춤이 진행되는 동안 그들의 어머니, 산들에 대한 사랑과 존경의 표시로 일제히 산들을 향해 몸짓하는데, 이는 산이 많은 고국 땅과의 성스러운 관계와 자연 세계에 근접해서 살아가는 생활을 표현한다. 조약과 강탈, 매매를 통하여 고국의 많은 것들을 빼앗겼지만 전통적 가치를 버리고 그들의 땅을 포기하라는 세월의 압력에도 "하늘은 나의 아버지시고, 이 산들은 나의 어머니시다"라는 기도를 통하여 여전히 그들의 땅을 성스러운 것으로 표현하는 것이다.[43] 수콰미시족 시애틀 추장이 말한 것처럼, 이 땅의 모든 부분은 거룩하다. 우리는 땅의 한 부분이고, 땅은 우리의 한 부분이다. 우리는 야생의 장소, 살아 있는 공간인 땅에 속하고, 어머니 지구의 한 부분인 땅을 떠나서는 살지 못한다.

흙은 지구에는 있지만 달이나 화성에는 없는 것이다. 5억 년 전 황량한 불모의 암석사막으로 진출한 이끼와 지의류는 진화를 거듭한 끝에 바위와의 접촉면에 유기산을 방출하여 생존에 필수적인 인과 칼슘 등을 흡수하였는데, 산성 물질에 의해 녹은 양분 대부분이 그대로 남아서 모래나 점토를 형성하였다, 그리고 거기서 이끼와 지의류가 죽었다. 이런 식으로 이끼와 지의류의 유해와 모래, 점토가 섞여서 최초의 흙이 형성되었다.[44] 생명과 땅이 상호작용하여 흙을 낳은 것이다. 그 후 지상으로 진출한 생명체들은 나름의 방식으로 진화하면서 흙으로부터 영양을 섭취하고 죽어서는 다시 흙으로 돌아갔다. 인간이라는 영어 단어 human은 라틴어 humus, 즉 흙이라는 어원을 갖는다고 한

43 메리 에블린 터커, 존 A. 그림 엮음, 유기쁨 옮김(2003), 「토착 북아메리카의 세계관과 생태학」, 『세계관과 생태학』, 민들레책방, 40~42쪽.

44 후지이 가즈미치, 염혜은 옮김(2017), 『흙의 시간』, 눌와, 39쪽.

다. 우리는 신체에 필요한 영양 성분인 질소, 칼슘 등을 물과 공기 이외에는 모두 흙에서 공급받는다. 지구의 생명체들은 초록색 베일로 둘러싸인 갈색 흙 아래에서 경쟁과 공생을 반복해왔다.[45]

인간과 토지/땅의 관계를 이해하고 인정하는 방식을 변화시키는 것이 새로운 거버넌스 패러다임으로의 전환에서 핵심이 된다. 이 관계는 개인의 정신과 감정 그리고 국가의 정체성을 형성하는 근본적인 것이다. 우리는 이러한 거버넌스의 영역이 지구 공동체의 한 요소인 인간과 우리에게 물리적·심리적 자양분을 제공하는 지구의 한 부분 간의 기본적 관계와 관련돼 있음을 인정하는 데서 출발해야 한다. 그것은 정서적이고 영적인 결합을 포함하는 상호 관계(reciprocity)이다. 사람과 공동체가 영원히 땅을 돌볼 성스러운 의무를 가진 수호자라는 고대의 관념을 부활, 변용하는 것은 지구법학의 중요한 부분이 될 수 있다. 땅을 돌보고 수호하는 인간의 역할에는 인간과 땅 사이의 개인적 친밀함이 요구된다. 이러한 유의 친밀함에는 진짜 사람(real people)이 필요하다. 많은 토지소유자가 땅과 친밀한 관계를 형성할 능력이 원천적으로 결여된 법인(incorporated person)이라는 사실 때문에 인간과 지구 관계의 해체가 가속화되고 있다. 토지소유자와 달리 땅을 돌보는 이는 따뜻한 가슴과 동정이 필요하다. 실제로 땅과 물리적 관계를 갖는 진짜 사람만이 이러한 역할을 수행할 수 있다. 다음으로, 땅을 돌보는 일은 한 개인의 역할이 아니다. 이는 한 공동체 내에서 실행돼야 하는 관계 내지 친교이다. 존중과 균형은 이 관계의 중심이다. 새롭게 발전시킨 의식(ritual)을 통해 공동체가 땅과 혼인(결합)함으로써, 공

45 『흙의 시간』, 15쪽.

동체로서 존재하는 한 공개적으로 땅을 사랑하고 존경할 것을 약속할 수 있어야 한다. 끝으로, 인간의 관점에서 현재 주장, 행사하는 권리보다는 땅과의 관계에서 갖는 책임을 강조할 필요가 있다. 일부의 경우 땅과 친밀하게 사는 인간의 권리를 강화함으로써 그렇지 않은 인간에 의한 간섭, 개입에 대항할 필요가 있다. 토지의 이용 용도에 중점을 두기보다는 관계의 질에 주목해야 한다. 토지가 농업 구역 안에서 농지로 사용될 것인지 아닌지 묻는 것보다 점유자가 땅을 보전하고 보호하며 단순히 인간뿐 아니라 지구에 이익이 되는 방식으로 활용하는지를 묻는 것이 더 중요하다. 과거 땅을 돌보는 성스러운 책임 같은 것을 다시 받아들임으로써, 관계의 친밀성을 계속 심화시키고 그것이 손상되었을 때 이를 회복시킨다면, 우리는 완전한 인간이 될 수 있다. 땅과의 적절한 관계를 방해하는 재산권 제도를 폐지하는 과정을 어떻게 시작할 수 있는지 또 작동 가능한 대안을 그 자리에 어떻게 구축할 것인지 등이 지금 우리가 당면한 과제이다.[46]

야생의 사람: 공동체

우주(宇宙)는 우리가 사는 큰 집(home)이며 공동체이다. 우(宇)와 주(宙)는 똑같이 '집'을 의미하지만 '우'는 상하사방(上下四方), 즉 공간을 뜻하고 '주'는 왕고래금(往古來今), 즉 지나간 시간과 지금의 시간 그리고 다가오는 시간을 뜻한다. 우주 안에서 끊임없이 순환하는 물질과 에너

46 『야생의 법』, 244~249쪽.

지는 태초부터 창발하고 펼쳐지고 있는 시공간을 걷는 여행자이다. 인간은 우주의 일부로서 역동적인 우주와 상호작용하면서 어우러진다. 우주는 단순히 인간이 활동하기 위한 정태적인 무대나 배경이 아니다. 인간에게 종으로서의 정체성을 부여하는 유전 부호는 우주에 존재하는 거대한 부호 복합체에 통합되어 있으며, 자체의 일관성을 유지하고 진화 과정을 지속할 수 있는 지구체계의 보다 거대한 부호 복합체에 통합되어 있다. 생존력을 지니기 위해 하나의 종은 그 자체와 주위의 공동체에 모두 유익한 생태적 지위를 확립해야 한다.[47]

행성 지구는 우리에게 공 모양의 균일한 실체로서가 아니라, 포괄적인 통일성 안에 포착된, 고도로 분화된 지역들의 복합체로 제시된다. 이 지역들은 각각 독특한 지질학적 형태와 기후 조건과 생명 형태를 갖고 있고, 매우 일관성 있는 생명 공동체를 구성하고 있으며, 서로 긴밀히 연결되어 있다. 우리가 생명을 유지하는 데 필요한 기본적인 것들을 제공해주는 공기와 물과 흙과 씨앗, 그리고 땅 위에 에너지를 쏟아붓는 햇빛이나 비옥한 지구의 기능은 통합되어 있다. 이들을 모두 생태지역(bioregion)이라 부른다. 생태지역은 동일함을 증명할 수 있는, 상호작용하는 생명체계들의 지리학적 지역으로서, 자연이 늘 새로워지는 과정 안에서 비교적 자기-유지를 하는 지역이다. 생태지역은 자기-번식(self-propagation), 자기-양육(self-nourishment), 자기-교육(self-education), 자기-통치(self-governance), 자기-치유(self-healing), 자기-실현(self-fulfilling)을 하는 공동체이다. 이 지역을 구성하는 생명체계들은 각각 효과적인 방식으로 생존하기 위해 그 자체의 기능을 공동체 안에

47 『지구의 꿈』, 312쪽.

통합시켜야 한다. 인간은 이런 생명 공동체의 복합체 안에서 출현했다. 이 생명 공동체는 공동체들의 가장 기본적인 수준의 기능에 참여함으로써 생존했고 발전했다. 이 상호작용으로부터 인류의 독특한 문화가 형성되었다. 초기에 우리는 주변 공동체들의 통합적인 기능에 우리가 의존하고 있음을 인식했다. 그러나 기술적인 기능을 우리 자신에게 유리하게 조작하는 것을 배우면서부터 이런 인식은 희미해졌고, 이 조작은 전체적인 생명의 복합체를 붕괴시켰다. 인간은 스스로를 자연세계로부터 소외시켰고, 인간과 지구의 관계가 상호 관계에서 일방적 착취 관계로 전환됨에 따라 거의 모든 종들의 서식지가 대규모로 파괴되었다. 거대한 생명 공동체를 희생시킨 인간의 진보는 궁극적으로 인간 생명을 앗아갈 것이다.[48] 이와 같은 생명 과정의 파괴로 인한 인간 공동체 파괴에 대한 해결책은 인간으로서 지구 공동체에 구성원으로 참여하여 우리가 속해 있는 생태지역 공동체들의 진보와 번영을 촉진하는 것이다. 인간의 미래는 인간이 생명 공동체 안에서 자신의 역할을 어떻게 수용하고 성취하는가에 달려 있다. 우리는 착취적인 인간중심주의에서 참여적인 생명중심주의로 이행해야만 한다.

생태주의자들은 살아 있는 실제와 시스템은 더 작은 전체의 패턴으로부터 전체를 창출하는 방식으로 진화했음을 확인하였다. 한 부분이 각각의 차원에까지 올라가면서 어떤 속성이 추가적으로 출현한다는 점에서 전체는 부분들의 총합보다 크다. 각 부분은 정합적인 하위 구조의 한 부분이면서 동시에 전체의 한 부분이 된다. 아서 쾨슬러(Arthur Koestler)는 이러한 구조들을 '홀라키 내 홀론'으로 기술한다. 각

48 『지구의 꿈』, 247~250쪽.

차원에 더 큰 전체(larger wholes)의 부분인 '전체' 또는 홀론이 있다는 사실은 한 차원에서 홀론의 자기 이익과 그 홀론이 깃들어 있는 홀라키 간의 긴장을 유발한다. 전체 생태계가 건강한 상태에 있다면, 이 긴장은 상호 협력과 지속적인 협상에 의해 해소될 수 있다.[49] 이런 관점에서 '지구 공동체'는 우리가 지구라고 부르는 전체 시스템 안에 깃들어 있는, 저마다의 다른 차원에 존재하는 모든 작은 공동체로 구성된 것으로 이해할 수 있는데, 새로운 거버넌스 패러다임에 관한 논의에서는 인간을 포함하고, 인간이 거주하는 지역과의 관계 속에서 규정되는 공동체에 초점을 맞춰야 할 것이다. 코막 컬리넌은 공동체에 특별히 유념하는 까닭에 대해서, 첫째, 다수의 작은 공동체 간의 유대 강화, 즉 친교는 지구 공동체의 강화, 그리하여 전체의 건강성 강화를 의미하고, 둘째, 공동체가 보여주는 분화 및 자기조직의 구조적 특징은 거버넌스 체계의 구조에 유익한 모델을 제공하고, 셋째, 세계화 현상에 맞서서 공동체가 존재하고 스스로 규율할 권리를 재확증하는 것이야말로 안정적이고 지속가능한 거버넌스 구조에 필요한 다양성을 유지하려는 노력의 하나이고, 넷째, 건강한 공동체는 자신들의 진정한 잠재력을 성취하려는 사람들에게 유리한 환경을 제공하기 때문이라고 설명한다.[50]

우리가 어떤 사회구조를 지지할지 또 법체계를 포함해 어떤 거버넌스 체계 구조를 선택할지 결정하는 데 홀론과 홀라키 개념은 매우 유용하다. 전체적인 설계에 기초한 건축학적 모델 대신에 자연적인 구조 형성에 관한 지식에 근거를 둔 유기적 접근법을 따르는 것이다. 코

49 『야생의 법』, 250~252쪽.
50 『야생의 법』, 253~255쪽.

막 컬리넌은 이와 같이 풀뿌리 수준에서 출발하는 조직의 선례로 아파르트헤이트에 반대하는 정치투쟁 과정에 설립된 민주연합전선(UDF)을 들고 있다. 이와 같은 사회구조는 개별성과 집합성의 특성을 보이는데, 더 적정한 거버넌스 체계에 다가가기 위해서는 첫째, 지역 공동체의 구성원 간에 더 강력하고 더 친밀한 관계를 증진시켜야 하고, 둘째, 그것이 한 부분을 형성하는 더 넓은 시스템의 건강에 기여하도록 해야 한다고 한다.[51] 또한 개인과 공동체 간의 건강한 관계를 강화하기 위한 도전 과제 중 하나는 공동체 조직의 긍정적 측면이 더 큰 사회 시스템 내에서 복제되도록 하는 방법을 탐구하는 것이다. 코막 컬리넌은 이와 관련하여 거버넌스에 생태지역 접근법을 채택하는 것이 유용할 것이라고 한다. 거버넌스 구조에 생태지역 접근법을 채용할 경우 조직의 작은 패턴들이 이음새 없이 정합적인 더 큰 거버넌스 구조를 구축할 수 있게 하는 장점이 있다는 것이다. 단기적으로 생태지역 접근법을 채용한 거버넌스 구조는 의사결정자와 그 의사결정으로부터 영향을 받는 곳 사이의 거리를 줄이는 데 도움을 줄 것이다. 이는 유럽연합(EU)이 보조성(subsidiarity) 원칙을 적용함으로써 어느 정도 인정돼왔는데, 의사결정을 원칙적으로 가장 하위의 적정 차원에 위임하는 것이다.[52] 코막 컬리넌은 이미 지구중심적 내지 생태중심적 세계관에 기반한 새로운 사회운동들이 나타나고 있다고 하면서, 특정 쟁점이 아니라 공동의 접근법과 지구중심철학을 둘러싸고 조직된 '공동체들의 공동체'가 출현한 사례로 인도의 지구민주주의운동, 남아프리카공화국의

51 『야생의 법』, 258~261쪽.
52 『야생의 법』, 262~264쪽.

지구정의운동(EJM) 등을 들고 있다.[53]

지배문화의 법이론은 지역 공동체에 해로운 영향을 끼치고 있는데, 특히 '유전자원'과 그 자원의 사용과 연관된 전통 지식에의 접근에서 분명하게 드러난다. 자연 곁에서 살아가는 지역 공동체는 식물을 의료용이나 그 밖의 용도로 사용하는 방법에 관한 지식을 비롯해 자신들이 속한 지구 공동체에 관한 친밀한 지식을 발전, 숙성시켜왔다. 이 지식과 관련된 기술은 순전히 그 공동체 문화의 한 부분이었고, 비밀로 소수에게만 전수된 일부 측면을 제외한 나머지는 널리 알려지고 자유롭게 다른 이들과 공유되었다. 그런데 원시적이라고 경멸받던 이 문화가 선진국 시장에서 상품화되고 판매될 수 있는 지식을 갖고 있다는 사실이 알려지면서 문제가 발생했다. 지식 보유자가 그것을 재산으로 규정하지 않았기 때문에 그것을 사거나 팔지 않았고, 그에 따라 이 지식은 상업 거래의 영역에서 존재하지 않았다. 한편 지배문화의 법이론은 개인과 기업 같은 법인에게는 권리를 부여하지만, 집합적 권리나 단체의 권리는 거의 인정하지 않는다. 미국 등 지배문화는 유용성, 신규성 및 비자명성(진보성) 등과 같은 특허 부여의 기준을 변경해 어떤 생명 자체에 대한 특허와 자연 혼합물을 특정 용도에 사용하는 특허가 허용되도록 특허법을 개정하였고, 세계무역기구(WTO)나 세계지적재산권협회(WIPO) 같은 국제법적 도구나 조직을 이용해 나머지 세계에 이러한 접근법을 강요했다. 이와 같이 멀리 떨어진 의사결정자에 의해서 법이 변경되자 공동체 국외자가 적법하게 또는 불법적으로 공동체로부터 가치 있는 정보를 취득할 수 있게 됐고, 지배적인 법체계

53 『야생의 법』, 265~266쪽.

는 그 정보를 재산 형태로 변환하는 것을 허용했다. 그러자 당초의 정보 사용자가 오히려 특허 보유자(거의 대부분 기업)에게 특허권 사용료를 지불해야 하는 법적 의무를 지게 됐다. 예를 들어, 어떤 기업이 전통적으로 의료 목적으로 사용되던 식물에서 특정한 식물 혼합물을 분리, 추출해 의료적 처치용으로 사용하는 특허를 받았다면, 기업은 법적으로 해당 지식을 제공한 공동체 구성원이 그러한 용도로 사용하는 것조차 막을 권리를 가진다. 나아가 기업에 의한 곡물의 유전자 조작은 세계 전역에 걸쳐 지역 공동체에 미치는 특정 위협들을 대표한다. 이 유전자 변형 유기체는 지구 공동체의 건강에 잠재적 위험을 일으킨다. 그뿐만 아니라, 기업이 씨앗에 대한 특허를 소유함에 따라 공동체는 외부 자본 투입에 의존하고 결국 기업의 통제 아래 놓일 수밖에 없게 된다. 이는 인간 지역 공동체의 자율성을 약화시킬 뿐 아니라 농업의 전통적 재생산 시스템과 생물다양성의 지속가능한 이용마저 침식시킨다.[54] 이와 관련해서, 생물다양성협약(CBD)과 같은 조약이 풍부한 생물다양성과 문화다양성을 가진 개발도상국들에게 중요한 안전장치가 될 수 있다고 한다. CBD의 '이익 공유 조항'을 지구법학의 관점에서 해석하는 것이다. CBD는 많은 원주민 공동체와 지역 공동체가 생물자원에 보이는 전통적이고 밀접한 의존성, 생물다양성의 보전과 그 구성 요소의 지속가능한 이용과 관련된 전통 지식과 혁신, 관행적 이용에서 발생하는 이익의 공평한 공유 등이 바람직하다고 인정한다. 그러나 실제로 이익 공유가 성공한 사례는 없고, 대부분 원주민의 지식을 이용하기 위해서 외국 회사가 일정 금액을 정부(가끔은 원주민)에 지

54 『야생의 법』, 255~258쪽.

불하는 것을 이익 공유에 포함시키는 것이 고작이라고 한다. 그러나 이제는 이익과 관련하여 돈 내지 기술의 교환에 중점을 두는 대신 모든 관계된 사람들과 그 자원을 얻는 지역 지구 공동체 간의 강한 관계를 증진시킬 수 있는 방식이 무엇인지로 관심을 이동시켜야 한다. 어떤 식물의 치유 속성을 발견한 원주민 공동체와 그 식물로부터 추출한 약의 제조에 관여한 인간 공동체 양쪽이 자신들에게 생계 수단을 마련해준 지역 지구 공동체를 보존하는 방법을 추구하는 방식으로 인격적 관계를 증진하는 것이다.[55]

오래된 미래: 생태대

헬레나 노르베리 호지(Helena Norberg-Hodge)는 라다크에서 16년 동안 지내면서 가장 오래된 문화와 가장 현대적인 문화 사이에는 눈에 띄는 유사점이 있다는 사실을 발견했다. 헬레나 노르베리 호지는 라다크에서 인간적인 규모의 사회구조들이 어떤 식으로 땅과 친밀한 유대 관계를 키워왔고, 어떻게 해서 그토록 활발하고 참여적인 민주주의를 유지했으며, 공동체를 강하고 활기차게 유지하는 가운데 건강한 가정 그리고 남성과 여성 사이의 균형을 어떻게 해서 그토록 훌륭하게 지켜왔는지를 지켜보았다.[56] 경제개발에 의한 일방적인 현대화 과정은 지역마다의 문화 특성을 말살할 뿐이다. 자연계의 다양성만큼이나 문화의 다양성도 중요하다. 탈중심화는 서구 사회의 공동체를 부흥하기 위한 선

55 『야생의 법』, 267~268쪽.

56 헬레나 노르베리 호지, 양희승 옮김(2007), 『오래된 미래』, 중앙북스, 320쪽.

행조건이고 수행해야 할 가장 필수적인 구조상의 변화라 할 수 있는데, 반드시 그에 상응하는 세계관의 변화가 수반되어야 한다.[57] 거버넌스에 있어서도 그 철학적 접근방법을 전체적으로 다시 생각해야 한다. 이러한 주장은 현행 법·정치체계를 전면 폐지하자는 것이 아니다. 사회는 어찌됐든 끊임없이 변화한다. 사회와 법·정치적 구조를 변화시킬 수 있느냐 여부가 아니라, 어떻게 또 어느 방향으로 변화시킬지가 문제이다. 사상가와 지도자 들 앞에 놓인 도전 과제는 사람들에게 우리가 어디에서 왔는지를 환기시키고, 아직은 아니지만 우리가 될 것에 관해 어떤 영감을 주는 것이다.[58]

우주는 객체들의 집합체라기보다는 주체들의 친교이다. 존재 그 자체는 각각의 존재들이 우주에 있는 다른 모든 존재들과 맺는 친교로부터 도출되어 그것에 의해 유지된다. 지배적인 문명은 인간이 통제하는 세상을 창조했으나, 그 과정에서 자연을 유린하는 결과를 낳았다. 우리는 세계를 객체들의 집합체로 간주하여 지배함으로써 안전을 얻었지만, 주체들과 친밀한 관계를 맺는 능력을 상실했다. 그로 인하여 우리는 실존의 가장 즐겁고 창조적인 많은 측면을 상실했다. '진보'라는 신화의 왜곡된 측면이 우주의 모든 것을 가능하게 했던 진화 과정을 파괴시키고 신생대의 종말을 초래한 것이다. 이 모든 과정의 결과로서 결핍이 생겨났음에도 우리의 과학과 기술은 나노기술과 유전공학이나 인공지능과 같은 특별한 능력으로 치유책을 제시할 수 있는 것처럼 주장한다. 약탈적 산업사회가 새롭게 개발한 이 신화는 기술대(Technozoic Era)라 부를 수 있는 만물의 질서에 대한 더 큰 통제를 형

57 『오래된 미래』, 329~332쪽.
58 『야생의 법』, 271~273쪽.

성함으로써 신생대를 벗어날 수 있다고 오도한다. 그러나 더 나은 세상과 전체적으로 더 높은 삶의 질을 이루어내지 못하는 기술과 경제발전은 진보로 볼 수 없다.[59] 지금 우리는 전체 지구 공동체가 참여하는 창조의 새로운 시대, 즉 고생대, 중생대, 신생대에 이은 생태대(Ecozoic Era)에 들어감으로써 황폐해진 지구의 치유책을 모색하는 중이다. 생태대가 존재하려면 상업적-산업적 신화에 대항하는 참된 신화가 일깨워져야 한다.[60] 미래는 이 두 세력 사이의 긴장으로 묘사될 수 있다.[61] 우리 앞에는 영화 〈인터스텔라〉의 세계와 영화 〈아바타〉의 판도라 행성이 놓여 있다. 어느 쪽이 더 매혹적인가?

코막 컬리넌은 그의 책에서 현행 거버넌스 체계에 야생성을 도입하기 위한 구체적인 아이디어 몇 가지를 예시한다.[62] 다양한 입법론과 해석론, 그리고 전통적 지혜의 탐색 및 새로운 메커니즘 개발 등을 통하여 지구법학의 개념들이 단순한 이론에 그치지 않고 실천적으로 적용 가능함을 보여주려는 것이다. 야생의 법은 살아 있는 실천적인 삶의 방식이며, 다양한 생명 공동체마다 그 특징을 반영하여 다채로운 양태로 나타날 것이다. 그러나 무엇보다 중요한 것은 변화를 위한 방향의 전환이다. 자연 세계의 기술과 적정한 조화를 이루고 통합되는 한 우리는 어떠한 과학·기술이라도 수용할 수 있다. 사실 그 기술들은 우리에게 새로워 보일지라도 오래된 것들이다. 문제는 방향이다. 현대 산업사회는 인간중심주의를 벗어나지 못한 채 비상구를 찾아 미로(기

59 프란치스코 교황 회칙(2015), 『찬미받으소서』, 194항, 한국천주교주교회의.

60 신화적 기초(mythic basis), 즉 꿈(dream)은 문화 부호화(cultural coding) 과정의 열쇠라 할 수 있다.

61 『우주 이야기』, 385~388쪽.

62 『야생의 법』, 274~286쪽.

술대)를 헤매고 있다. 탈출구는 인간과 자연의 공존을 지향하는 생태문명(생태대)에 있다.

마지막으로, 야생의 법과 지구법학과 위대한 법학 간의 관계에 대해서 회전놀이기구에 비유하여 설명해보려고 한다. 회전놀이기구의 속도가 점점 빨라지면서 바깥쪽으로 튕겨 나갈 듯한 긴장감에 오금을 저리던 어린 시절의 기억이 새롭다. 회전놀이기구는 중앙에 튼튼한 기둥이 있고, 기둥 안에 놀이기구를 회전시키기 위한 모터가 있다. 맨 바깥쪽에는 사람이 앉을 수 있는 여러 개의 의자가 있고, 단단한 쇠줄들로 각각의 의자와 중앙의 기둥 사이를 연결한다. 여기서 놀이기구 전체를 포섭하는 기둥은 우주, 자연(自然)에 비유할 수 있는데, 영화 〈아바타〉의 거대한 어머니 나무가 연상된다. 모터는 기둥, 즉 자연의 핵심적인 속성으로서 위대한 법학에, 쇠줄은 지구법학에 비유할 수 있고, 모터와 줄 전체는 오래된 지혜인 도(道)라 할 수 있다. 의자는 다양한 각각의 생명 공동체, 천지인(天地人)에 해당하는데, 의자 각자와 그 구성원 각자에게는 나름의 자리와 역할이 있으며 야생의 법에 의해 규율된다. 그러면 놀이기구 전체를 추동하는 모터의 추진력은 어디에서 오는 걸까? 그 추진력은 놀이기구 맨 바깥 진화의 첨단에 있는 의자들과 구성원들 안에 내재(內在)해 있다. 놀이기구를 구성하는 의자들 각각 그리고 그 구성원들 각각의 자발성과 창조성이 모아지고 순환하면서 모터의 추진력이 생성되는데, 전체는 부분들의 총합보다 크다. 모터의 추진력이 서서히 놀이기구를 회전시키면 바닥에 놓여 있던 의자가 떠오르기 시작하고, 속도가 빨라짐에 따라 거의 바닥과 수평으로 회전하게 된다. 이때 줄이 의자를 단단히 잡아주지 않는다면 의자는 원심력에 의해서 멀리 날아가고 말 것이다. 기둥과 의자를 이어주는 든든한 줄이 안전한 구심력의 역할을 하는 것이다. 그런데 추진력과 구심력은 실제로 존재하는 힘이지만, 원심력은 회전하는 좌표계에서 관찰되는 관성력이다. 원심력은 회전의 중심에서 바깥쪽으로 작용하는 것처럼 관찰되지만, 사실은 다른 관성력과 마찬가지로 실제 존재하는 힘은 아니다. 위대한 법학의 추진력과 지구법학의 구심력은 실체이지만, 첨단 기술문명 신화의 관성력, 즉 원심력은 가상에 불과한 것이다. 만약에 기둥과 의자 사이의 줄이 끊어진다면 무슨 일이 벌어질까? 내 몸과 의자는 가상의 힘에 의해 공중으로 두둥실 떠오르겠지만, 그다음은 추락일 것이다.

참고문헌

떼이야르 드 샤르뎅(Teilhard de Chardin), 양명수 옮김(1997). 『인간현상』. 한길사.

떼이야르 드 샤르뎅(Teilhard de Chardin), 이병호 옮김(2008). 『자연 안에서 인간의 위치』. 분도출판사.

메리 에블린 터커(Mary Evelyn Tucker), 존 A. 그림(John A. Grim) 엮음, 유기쁨 옮김(2003). 『세계관과 생태학』. 민들레책방.

엘리자베스 콜버트(Elizabeth Kolbert), 이혜리 옮김(2014). 『여섯 번째 대멸종』. 처음북스.

짐 배것(Jim Baggott), 박병철 옮김(2017). 『기원의 탐구』. 반니.

최선호. 「지구의 꿈, 법이 되다」. 『녹색평론』 제160호(2018년 5~6월).

코막 컬리넌(Cormac Cullinan), 박태현 옮김(2016). 『야생의 법』. 로도스.

토마스 베리(Thomas Berry), 맹영선 옮김(2013). 『지구의 꿈』. 대화문화아카데미.

토마스 베리(Thomas Berry), 브라이언 스윔(Brian Swimme), 맹영선 옮김(2010). 『우주 이야기』. 대화문화아카데미.

토마스 베리(Thomas Berry), 이영숙 옮김(2009). 『위대한 과업』. 대화문화아카데미.

프란치스코 교황 회칙(2015). 『찬미받으소서』. 한국천주교주교회의.

한국환경정책·평가연구원 엮음(2008). 『생태문명 생각하기』. 크레파스북.

헬레나 노르베리 호지(Helena Norberg Hodge), 양희승 옮김(2007). 『오래된 미래』. 중앙북스.

후지이 가즈미치(藤井一至), 염혜은 옮김(2017). 『흙의 시간』. 눌와.

참고 사이트

http://www.gaiafoundation.org

http://www.peopleforearth.kr

제3장

지구법학과 자연의 권리

박태현

◇◇◇◇

들어가며:
지구법학과 지구권 그리고 자연의 권리

「지구법학의 사상적 기원: 토마스 베리의 지구법학론」(제1장)에서 살펴본 바와 같이, 베리는 지구 공동체의 모든 구성 요소는 '존재할' 권리, '서식지'에 대한 권리 그리고 '지구 공동체가 부단히 새로워지는 과정에서 자신의 역할과 기능을 수행할' 권리를 갖는다고 보았다. 그리고 이러한 권리는 존재가 기원하는 곳(궁극적으로 우주)에서 발생하므로 인간의 법으로 이를 폐지할 수 없고, 오히려 이 권리를 존중하는 방향으로 인간의 법을 조정해야 한다고 주장하였다. 베리의 지구법학은 결국 지구 공동체 성원의 기본적 권리론(Earth Rights, 이하 '지구권'이라 한다)으로 귀결된다고 말할 수 있을 정도로 지구법학에서 지구권은 중심적 지위를 차지하고 있다.

지구권이 베리의 지구법학이라는 겉옷을 벗는다면 종래 자연의 권리(Rights of Nature, RoN)로 논의되어오던 것과 상당한 친연성을 갖는다. 둘 다 공통적으로 인간 이외의 존재의 권리주체성을 상정하기 때문이다. 자연에 권리를 부여한다는 것은 실제 가능한 것일까? 가능하다면 그것은 구체적으로 어떠한 내용을 가지며, 또 어떻게 실현될 것인가? 그리고 자연의 권리가 침해된 경우 누가 어떠한 자격으로 그 침해를 바로잡을 것인가? 이것이 종래 자연의 권리를 둘러싼 담론에서 제기되어온 전형적 질문이다. 여기서는 이러한 질문들에 구체적인 대답을 하지 않고, 다만 자연의 권리가 법(률)에서 또는 법원 판례에서 인정된 사례들을 소개하고자 한다.

에콰도르 헌법과 자연의 권리[1]

2008년 에콰도르 헌법 개정 경위

에콰도르는 10년간 극도의 정치적, 경제적 불안정을 겪고 난 뒤 2006년 라파엘 코레아(Rafael Correa)가 대통령으로 당선되었다. 좌파 지식인과 원주민, 그 밖의 사회운동단체들이 연대한 알리안사 파이스(Alianza PAIS)라 불리는 정치적 운동의 지지에 힘입어 권력을 거머쥔 그는 신자유주의적 경제정책을 대체할 대안적 발전 방안을 내놓아야 하였다. 코레아는 이를 위한 핵심 조치로 우선 헌법을 다시 쓰고자 하였다. 헌법 제정에 버금가는 수준의 개정 작업은 상당히 시민참여적인 과정이었다. 제헌의회(the Constituent Constitutional Assembly)는 시민사회단체들이 제출한 3,000건 이상의 제안들을 검토하였다. 이러한 참여 과정은 자연의 권리 운동가들에게도 입법에 영향력을 행사할 수 있는 적절한 기회를 제공해주었다. 자연의 권리 지지자들(주로 원주민과 환경운동가 및 환경법률가)은 환경전문변호사들로 구성된 단체인 환경보호기금(CELDF: The Community Environmental Legal Defense Fund)과 협력하여

1 이 부분은 박태현(2019), 「에콰도르 헌법상 자연의 권리, 그 이상과 현실」, 『환경법연구』 제41권 2호에서 관련 부분을 발췌하였다.

자연의 권리 조항의 초안을 작성하였다. 저명한 경제학자이자 전 에너지장관인 제헌의회 의장 알베르토 아코스타(Alberto Acosta) 또한 이 아이디어에 공감하며, 헌법의회 내에서 보편적 지지를 받지 않았음에도 최종 헌법개정안에 자연의 권리 조항이 포함될 수 있도록 지원하였고, 마침내 2008년 에콰도르 국민은 이를 승인한 것이다.[2] 이로써 2008년 9월 에콰도르는 세계 최초로 헌법전(典)에 자연의 권리 조항을 둔 나라가 되었다.

자연의 권리 조항과 찬반론

에콰도르 헌법은 국가와 시민들에게 "자연과 조화하면서 자연의 권리를 인정하는 방식"으로 안녕(well-being)을 추구할 것을 명하고 있다. 헌법 전문(前文)에서 "자연의 다양성과 자연과의 조화 속에서 시민들을 위한 새로운 양식의 공존 질서"를 정립함으로써 '부엔 비비르(Buen Vivir)',[3] 곧 좋은 삶의 방식(the good way of living)을 성취하고자 하는 에

2 Graig M. Kauffman and Pamela L. Martin(2016), "Testing Ecuador's Rights of Nature: Why Some Lawsuits Succeed and Others Fails," paper presented at the annual convention of the Internatioanal Studies Association(Atlanta, Georgia, 18 March 2016), pp. 3-4. 이들은 2017년 이를 더 발전시켜 "Can Rights of Nature Make Development More Sustainable? Why Some Ecuadorian Lawsuits Succeed and Others Fail, 92 World Development 130"을 발표한다 .

3 원주민 언어로는 '수막 카우사이(Sumak Kawsay)'라 한다. 수막 카우사이는 원주민의 세계관에서 유래한 것으로 공동체적 체계로서 자연과 인간, 인간과 인간 사이의 공생의 가치를 중시한다. 이러한 원주민 철학은 사람과 동식물 그리고 무생물을 포함하여 모든 존재가 관계로 연결되어 있고 상호 영향을 미친다는 '우주적 윤리'의 관점에 서 있다는 점에서 근대성이 갖는 '인본주의'의 틀을 넘어서는 철학이다(구경모 외, 2016). 상세히는 조영현·김달관(2012), 「에콰도르 원주민 사상과 세계관의 복원: 수막 카우사이(Sumak Kawsay)에 대한 이론적 고찰」, 『중남미연구』 31권 2호; 수막 카우사이가 서

콰도르 국민의 의도를 뚜렷하게 드러내고 있다. 자연의 권리(RIGHTS OF NATURE)는 독립된 장(헌법 제7장)으로 규정하고 있다.

- 제71조 생명이 재창조되고 존재하는 곳인 자연 또는 파차마마(Pacha-mama, 안데스 원주민들에게 신앙의 대상인 영적 존재로 '어머니 대지'로 번역된다-필자 주)는 존재와 생명의 순환과 구조, 기능 및 진화 과정을 유지하고 재생을 존중받을 불가결한 권리를 가진다. 모든 개인과 공동체, 인민과 민족은 당국에 청원을 통해 자연의 권리를 집행할 수 있다.
- 제72조 자연환경이 침해된 경우 그 침해된 자연에 의지해 살아가는 개인과 공동체에 대한 보상 의무와는 별도로 자연 자체도 원상회복될 권리를 갖는다.
- 제73조 국가는 종의 절멸이나 생태계 훼손 또는 자연 순환의 영구적 변경을 초래할 수 있는 활동을 미리 방지할 수 있는 제한 조치를 취해야 한다.
- 제74조 개인과 공동체, 인민과 민족은 환경으로부터 혜택과 좋은 삶의 방식의 향유를 가능케 하는 자연의 부에 대한 권리를 가져야 한다.

이러한 에콰도르 헌법에 따르면 자연은 크게 두 가지 권리를 갖는다. 하나는 "존재 자체와 생명의 순환과 구조, 기능 및 진화 과정을 유지하고 재생을 존중받을 권리"이고, 나머지 하나는 "회복될 권리"이다.[4] 이러한 자연의 권리 인정이 쉽게 이루어진 것은 아니다. 2008년

구의 경제성장 중심의 발전 패러다임에 대한 대안 패러다임이 될 가능성이 있는지에 관해서는 위 조영현·김달관의 151~155쪽 및 김은중(2013), 「발전 담론과 수막 카우사이(Sumak Kawsay)」, 『중남미연구』 제32권 2호, 99~105쪽 참조.

4 우리가 에콰도르 헌법에서 각별히 주목해야 할 점은 단순히 자연의 권리를 명문으로 인정하였다는 점을 넘어서 자연의 보호, 자연의 권리 인정, 그리고 자연과 조화하는 삶을 인간의 좋은 삶의 방식으로 규정했다는 데서 찾을 수 있다. 자연과 조화하는 삶이 당위 명제가 아니라 그냥 그것이 좋은 삶의 방

제헌의회에서 자연권을 둘러싼 논쟁은 뜨거웠다.[5] 인격과 이성이 없는 자연에게 권리주체성을 인정할 수 없다는 견해에 따르면 인간만이 권리나 가치의 주체로 인정받을 수 있고, 자연을 보호하는 것은 그것이 주체이기 때문이 아니라 그렇게 하는 것이 인간에 이롭고 옳기 때문이다. 따라서 환경에 대한 인간의 책임을 확대하고 강조하는 방향으로 나아가고자 하였다. 그러나 자연권을 주장하는 측에서는 인간이 상정하는 유용성과 가치에 종속되지 않는 자연의 본원적 가치를 인정하고 여기에서 권리를 가질 권리를 연역해내었다. 인간이 태어날 때부터 천부적 가치를 가진다면, 인간 이외의 존재들도 그러한 가치를 지닌다는 것이다. 에콰도르 원주민들은 인간중심적 관점이 아닌 생명·생태중심의 관점에서 사유한다. 그리고 수막 카우사이를 말하는 학자들은 인간중심적 권리인 인권만 존재하는 것이 아니라 자연권(혹은 생태권)도 존재하며, 이제는 그것이 요청되는 시대에 우리가 살고 있다는 입장이다.[6]

식이며, 선조들로부터 전승되어왔지만 현재와 같은 생태 위기 시대에 이르러 더 각별한 의미를 갖게 된 인생관 내지 세계관을 에콰도르 헌법은 담대하게 선언하고 있는 것이다.(홍성태·최현·박태현(2016), 『공동자원론, 생태헌법을 제안한다』, 진인진)

5 논쟁은 조영현·김달관(2012), 「에콰도르 원주민 사상과 세계관의 복원: 수막 카우사이(Sumak Kawsay)에 대한 이론적 고찰」, 『중남미연구』 제31권 2호, 143~144쪽을 요약, 정리한 것이다.

6 에콰도르의 원주민 인구 비율은 자료에 따라 제각각이지만 에콰도르 총인구에서 15~30% 정도를 차지하는 것으로 나타난다. 그러나 인구 센서스가 아닌 원주민 정체성 연구에 의하면, 에콰도르 총인구에서 원주민이라고 스스로 생각하고 원주민 조건에 맞는 원주민 인구는 80~85만 명 정도이다. 따라서 정체성에 따른 원주민 비율은 총인구 1,480만 명(2010년)을 기준으로 약 17%이다.(김달관(2010), 「에콰도르 원주민 운동의 등장배경과 변천과정: 국민국가형성부터 현재까지」, 『이베로아메리카 연구』 제21권 2호, 27쪽)

자연의 권리 소송 사례

① 빌카밤바강(Vilcabamba River) 사건

자연의 권리 조항을 원용한 원고가 승소한 최초의 사례다. 로야(Loja) 지방정부는 환경영향평가를 하지 않고 도로 건설 과정에서 발생한 폐기물을 하천에 버렸다. 이 투기 행위로 인하여 하천 유량이 증가되고, 또 하천 유수의 흐름이 바뀌면서 장마 때 홍수가 발생해 지역 생태계 및 원고의 재산을 침해하였다. 이에 원고는 강과 주변 생태계를 원상회복하라며 강의 이익을 위한 소(보호조치 청구)를 제기하였다.

2010년 1심 법원은 원고에게 원고적격이 없다며 보호조치 청구를 기각하였다. 그러나 항소심 법원은 헌법에 자연의 권리 조항이 있으므로 원고는 자연의 권리를 위하여 제소할 수 있으며, 이 경우 원고는 자신의 손상이 아니라 자연의 손상을 증명하면 충분하다고 하였다. 그리고 지방정부에 환경부가 특정하는 조치를 통해 생태계를 회복할 것을 명하며 강의 이익을 위한 원고의 보호조치 청구를 인용하였다.

항소심 법원은 먼저 "부정할 수 없는 자연의 기본적, 핵심적 중요성에 관심을 집중하고, 또 명백한 훼손 과정을 고려한다면, 환경피해를 즉각적으로 구제하는 유일한 방법으로 헌법상 보호조치 청구(the Constitutional injunction)는 적합하고 또 효과적"이라고 하였다. 또, 사전주의 원칙(the precautionary principle)에 따라 특정 지역에서 수행되는 개발사업이 환경오염이나 피해를 일으키지 않을 것이라는 점이 객관적으로 증명되기 전까지는 오염의 예방 또는 구제의 청원에 필요한 것을 행함으로써 자연의 권리의 즉각적 보호와 법적 보호 감독을 우선적으로 고려하는 것은 판사의 책임이라고 하였다. 환경과 관련해서 피해를 확실히 일으킬 행위는 물론 피해를 일으킬 개연성 있는 행위도 고려해야 한다고 지적하였다. 또, 자연의 피해는 그 영향이 현재 세대뿐 아니라 미래 세대에도 미친다는 의미에서 세대에 걸친 피해(generational damages)라고 하며, 증명책임의 전환의 원칙을 채용해 원고가 피해의 현존성을 증명해야 할 필요가 없고, 도로 확장을 행정적으로 실시한 지방정부가 도로 확장이 환경에 아무런 영향을 미치지 않을 것임을 증명해야 한다고 하였다. 주민들이 도로를 필요로 한다는 지방정부의 주장에 대해서는 이 사안이 도로 확장을 문제 삼는 것이 아니라 헌법상 자연의 권리의 존중을 문제 삼고 있다는 점에서 주민의 헌법상 권리의 충돌이나 주민들의 희생이 없다고 하였다. 이러한 이유로 법원은 로야 지방정부에 "30일 이내 빌카밤바강 주변 지역의 정화/복원 계획과 개발사업에서 발생한 폐기물의 투기 및 야적으로 인해 지역 주민들에게 끼친 피해의 회복 계획 및 환경 당국의 권고 이행 계획을 제출할 것" 등을 명하였다.[7]

② 메탄가스 처리설비 설치 금지 청구 사건

2009년 원고들은 피고 농업회사(PRONACA)가 소유하는 양돈시설에

7 그 밖의 법원의 주문 내용은 다음과 같다.
2. 로야 지방정부는 즉시 환경부에 도로 건설을 위한 환경허가신청을 하여야 한다.
3. 연료저장탱크 및 기계설비 주변의 토양에 유류 누출을 방지할 안전 제방의 건설, 유류 누출에 의한 오염토양의 정화, 적정한 도로 표지 체계의 이행, 건설폐기물을 저장할 장소 마련 등과 같은 교정적 조치를 이행해야 한다.
4. 로야 지방정부는 환경부 내 환경질보호국의 권고를 준수해야 한다.
5. 환경부 지역청장과 로야, 엘오르, 사모라친치페 등의 옴부즈맨 사무국으로 위원회를 구성해 판결에 따른 명령의 이행을 감독해야 한다.
6. 피고는 필요한 환경허가를 받지 않고 도로 건설을 시작한 데 대해 지방 신문에 4분 1 크기의 지면으로 공개 사과하여야 한다.

서 배출되는 메탄가스 처리설비(biodigestor machines)가 헌법상 건강권과 안전하고 깨끗한 환경에 대한 권리를 침해한다고 주장하며 그 설비의 설치 금지를 구하는 소를 제기하였다. 법원은 해당 설비의 설치를 허용하되 설비 운용을 감시하고 모니터하는 위원회의 설치를 명함으로써 적정한 물 이용과 폐기물의 처리, 그리고 시민과 공동체의 권리 보호를 보장하였다.

이 사건에서 원고들은 명시적으로 자연의 권리 조항을 원용하지 않았다. 하지만 법원은 자연의 권리 조항을 직권으로 원용해, 위원회 설치 결정은 깨끗한 환경에서 생활할 수 있는 권리의 보호 차원에서뿐 아니라 회사가 이 지역에 입지하기 전의 상태로 자연이 회복될 권리를 포함한 자연의 권리를 보호하는 차원에서 법원이 담당해야 할 역할에 근거하고 있음을 밝혔다.

③ 산타 크루즈(Santa Cruz) 사건

2012년 18명의 시민들은 지방정부를 상대로 관광 성수기 동안에는 찰스 다윈 거리에서 건설 공사를 중단할 것을 법원에 청구하였다. 당시 지방정부는 이 개발사업에 대한 환경허가를 받지 않았는데 시장은 관광 성수기 전에 신속하게 도로를 정비할 권한을 갖는다고 주장하였다. 원고는 절차상의 문제를 제기하였으나 재판부는 자연의 권리를 인용하였다. 도로 정비 예정 지역은 일부 종의 서식지에 해당하며, 특히 바다 이구아나와 그 밖의 다른 종의 이동 경로를 가로지른다는 점을 지적하였다.

재판부는 자연의 권리 조항을 인용해 특히 이동 시기에 서식지의 보호를 보장할 수 있는 환경영향평가에 기초해 환경허가를 받기 전까지 공사를 중단할 것을 명하였다. 재판부는 특히 헌법상 사전주의적 보호조치와 권리 간 위계성을 언급하며, 빌카밤바강 사건을 선례로 인용해, 법원은 정부의 공공사업을 수행할 능력을 보호해야 할 의무보다 자연을 보호해야 할 의무를 우선해야 한다고 판시하였다.

④ 콘도르-미라도르(Condor-Mirador) 노천 채광 개발사업 사건

2012년 3월 에콰도르 정부는 중국인 소유의 광산회사(Ecuacorriente)와 아마존 지역 사모라친치페(Zamora-Chinchipe)에서 개발 예정인 대규모 노천 채광 사업 계약(Condor-Mirador 계약)을 체결했다. 사업 시행에 따른 환경영향이 특히 문제가 되었는데 사업 예정 지역은 지구에서 생물다양성이 가장 풍부한 지역 중 하나로 멸종위기에 처한 토착종(특히 양서류)의 원서식지다. 또한 개발사업은 관개·생활용수로 이용되면서 다양한 동·식물종이 서식하는 두 개의 강 유역에 위치한다.

광산회사가 작성한 환경영향평가서에는 노천 광산이 자연의 권리 침해로 기술될 수 있을 정도로 자연에 영향을 끼칠 수 있다고 밝히고 있다. 이러한 영향에는 멸종위기종의 서식지로, 하나 이상의 종의 절멸을 초래할 수 있는 생태계의 전면적인 형질변경과 지표수 및 지하수를 중금속과 유독물질로 오염시킴으로써 주변 유역의 생태계에 초래될 수 있는 재앙이 포함되어 있다.

2013년 1월 원주민과 환경·인권 시민단체, 광산 주변의 공동체는 광산회사와 계약당사자인 자연자원부(Non-Renewable Natural Resources) 장관 및 허가를 해준 환경부 장관 등을 상대로 법원에 보호조치 청구를 제기하였다. 원고들은 소송에서 광산 개발사업이 헌법에서 명시적으로 금지되는 환경영향을 초래할 수 있다는 과학적 조사 결과에 비춰 이러한 행위는 헌법상 자연의 권리 조항의 위반에 해당한다고 주장하며, 개발사업의 중단과 해당 강 유역에 배수에 따른 환경영향을 조사, 평가하는 새로운 환경영향조사의 실시를 구하였다.

재판부는 그러나 이 사건의 개발사업은 보호지역에 영향을 미치지 않을 것이고, 시민사회의 자연보호 노력은 사적 목적에 해당하지만 광산회사의 개발은 공익을 위한 것으로 공익은 사익에 우선한다며, 여기서의 환경훼손은 자연의 권리 조항을 위반한 것은 아니라고 판시하였다.

⑤ 탕가바나(Tangabana) 사건

이 사건은 에콰도르 농림부로부터 자금 지원을 받은 사기업(ERVIC)이 진행한 200헥타르에 이르는 단작 플랜테이션 개발(재조림 프로그램)과 관련된다. 퇴역 장성인 소유주는 문제의 플랜테이션을 자신의 소유지를 넘어 지역의 원주민 공동체가 집합체로 소유하고 있는 파라모스(páramos) 지역으로까지 확대하였다. 공동체 성원들은 해당 지역은 유역 내 집수 지역으로 기능하므로 그러한 확대 개발행위를 우려했다. 소나무 플랜테이션은 물집약적 사업으로 파라모스 생태계 내 수문학적 흐름을 심각하게 훼손하는 것으로 알려졌고, 이 때문에 환경부는 파라모스 원시 지역의 재조림 사업을 금지한 바 있다.

2014년 12월 자연의 권리 운동가와 공동체의 사제는 법원에 보호조치 청구를 하였다. 재판부는 그러나 청구인들은 그 개발행위로 인하여 영향을 받고 있거나 받을 우려가 있는 토지소유자가 아니고(공동체 성원들은 회사의 협박에 따른 두려움으로 이 소송에 참가하지 않았다), 그 밖에 자신들이 받고 있는 또는 받게 될 침해를 증명하지 않았으며, 청구인들이 제출한 증거(진술서 및 소나무가 파라모스 생태계에 일으킬 피해를 증명하는 과학적 조사)는 각각 개별 증인신문절차를 거치지 아니하여 증거로 허용되지 않다는 등의 이유로 청구를 각하하였다. 항소심도 1심 판결과 마찬가지로 이 청구는 허용될 수 없다며 항소를 기각하였고, 원고들은 2015년 9월 헌법재판소에 적정 절차의 위반을 주장하며 상고하였다.

⑥ 카야파스(Cayapas) 새우 사건

에콰도르는 라틴아메리카에서 가장 큰 새우 생산국으로 사업자들은 강력한 이익집단을 형성하고 있다. 에스메랄다스(Esmeraldas) 지역 내 새우 양식장의 확장은 해당 지역의 전통적 맹그로브 숲의 상당 부분을 파괴하고 있다. 1995년 정부는 일부 남은 맹그로브를 보호하고자 이곳을 카야파스 생태보호지역(Cayapas Ecological Reserve)로 지정하였다. 그러나 보호지역에서 이미 영업 중인 42곳의 양식장은 계속 존치를 허용하였다. 이에 따라 새우양식회사와 맹그로브 숲에 생계를 의존하는 지역 공동체 간의 갈등이 고조되었다.

2008년 정부는 새우 양식장을 규제하고 보호지역에서 퇴거조치를 내릴 수 있는 행정명령을 발동하였다. 2010년부터 2012년 사이 환경부는 카야파스를 비롯해 3곳의 생태보호지역에서 12곳의 새우양식회사에 퇴거조치를 명하였다. 이에 2011년 한 양식업자가 행정명령의 효력정지를 구하는 소를 제기했다.

원고는 개인의 경제적 이익이 자연에 우선한다고 주장하였다. 재판부는 개인의 재산권의 보호에 관한 헌법 제66조와 제32조를 인용하며, 환경부의 조치는 헌법이 보장하는 재산권과 직업의 자유의 침해에 해당한다고 판시하였다. 항소도 기각되자 환경부는 하급심 법원의 판결은 헌법상 자연의 권리 조항에 위반하였다고 주장하며 헌법재판소에 상고하였다.

헌법소송에서 환경부는 개인의 경제적 이익이 자연의 이익에 우선한다고 본 법원의 결정은 헌법 위반이라며, 전체 공동체와 관련되고 또 전국적으로 관련된 현안으로 다루어지는 이 사건에서 자연의 권리와 부엔 비비르(Buen Vivir) 곧 좋은 삶에 대한 존중의 행사인 행정조치가 허용되는 선례를 확립해줄 것을 요구하였다.

2015년 5월 20일 헌법재판소는 자연의 권리와 부엔 비비르는 헌법의 중핵에 해당하므로 재산권을 비롯한 그 밖의 모든 다른 권리의 해석·적용에도 영향을 미친다고 하였다(헌법재판소는 그러한 의미에서 자연의 권리 조항은 '횡단적(transversal)'이라고 하였다). 특히 이 조항은 인간 존재가 모든 것의 중심이자 척도이고 자연은 단순히 자원의 공급자로 여기는 고전적인 인간중심주의와 대비되는, 자연을 우선하는 생명중심적 시각을 반영한다고 하였다. 이에 헌법재판소는 하급심 판결을 파기, 환송하며 이번에는 자연의 권리를 고려할 것을 주문하였다.

법원과 자연의 권리

인도

2017년 3월 1일 인도 우타라칸드주(州) 고등법원(the High Court of Uttarakhand)는 갠지스(Ganges)강과 야무나(Yamuna)강의 법적 권리를 인정하였다. 법원은 지류를 포함해 두 강은 법인(legal person)의 지위를 갖는 살아 있는 실체임을 선언하였다.[8] 두 강은 매우 오염되어 있고, 특히 야무나강 하상의 불법적 침식을 포함해 강 생태계는 심하게 훼손되

8 Mohd Salim v State of Uttarakhand & tohers, WPPIL 126/2014 (High Court of Uttarakhand) 2017.

어 있는데 이것이 공익소송을 하게 된 근거가 되었다.[9] 법원은 원고가 두 강의 이름으로 소를 제기할 수 있다고 하고, 또 강을 정화·유지하기 위해 8주 내로 위원회를 설치할 것을 명하였다.

우타라칸드주 고등법원은 히말라야 빙하에도 법인격을 인정하였다.[10] 이 판결은 갠지스강과 야무나강의 수원인 강고트리(Gangotri)와 야무노트리(Yamunotri) 빙하를 포함해 우타라칸드주 내 다른 모든 자연물에도 법인격을 확대할 것을 요구하는 한 청원에서 시작되었다. 법원도 위의 강고트리와 야무노트리를 포함한 빙하, 강, 시내, 개울, 호수, 대기, 초원, 계곡, 밀림, 삼림 습지, 초지, 샘 및 폭포도 법인의 지위를 갖는 법적 실체라고 판시하였다.[11]

콜롬비아

2016년 11월 10일 콜롬비아의 헌법재판소는 아트라토(Atrato)강과 그 유역 및 지류는 "보호, 보전, 유지 및 복원"에 대한 권리를 가진다며, 원주민과 정부로 구성되는 강을 위한 공동보호기구(joint guardianship)

9 Erin L. O'Donnell(2018), "At the Intersection of the Sacred and the Legal: Rights for Nature in Uttarakhand, India," *Journal of Envrionmental Law* 30, pp. 135-136.

10 Lalit Miglani v State of Uttarakhand & tohers, WPPIL 140/2015 (High Court of Uttarakhand) 2017.

11 Erin L. O'Donnell, supra note 13, p. 136. 두 소송 사건에서, 법원은 '파렌스 파트리에(parens patriae)'(the parent of the nation, 국친사상) 법리에 기댔다. 이 법리는 보호가 필요한 누군가의 이익을 위하여 개입할 수 있는 주의 공공정책권한을 가리킨다. 특히 빙하 사건에서 법원은 새로운 환경정의 법학(New Environment Justice Jurisprudence)과 국친사상 원칙 아래 환경 생태를 보호해야 할 의무가 있다고 하였다(Id., p. 139).

를 설치할 것을 명하였다.[12] 초코(Chocó) 지역의 아트라토강은 환경적·인도적 위기를 불러일으킨 불법 채광으로 피해를 입었고, 강과 지역공동체의 권리를 방어하기 위한 소송으로 이어졌다. 판결에서 헌법재판소는 생태중심적 그리고 생명문화적 관점을 취했고 환경정의는 자연을 권리의 주체로 허용할 것을 요구한다고 보았다. 자연과 그 존재들을 깊이 존중하고 겸손해하는 태도만이 공리주의적·경제적 또는 효율성의 개념을 버리고 그것들과 정당하고 동등한 방식으로 관계 맺는 것을 가능하게 한다. 아트라토강에 권리를 부여하는 결정을 한 재판관 팔라치오(Jorge Iván Palacio)는 인간으로부터 지구를 구해야 한다는 분명한 입장을 나타냈다.[13]

또한 2018년 4월 5일 콜롬비아 최고법원은 25명의 청소년들이 제기한 소송에서 기후변화와 미래 세대에 관한 역사적 판결을 선고하였다. 법원은 콜롬비아 내 아마존 지역의 권리를 인정하였다. 국가가 다수의 국제적 공약을 하였음에도, 또 충분한 규제권과 관할권이 있음에도 불구하고 그 지역에서 산림개간의 문제를 적정하게 다루지 아니하였다고 결정하였다. 법원은 대통령과 환경부 장관에 산림개간에 대처할 대응 계획을 수립할 것과 아마존 생명을 위한 국제협정을 작성할 것을 명하였다.[14]

12 Rio Atrato Case, Decision T-622/2016 (Columbia Const. Ct. 2016).

13 Harmony with Nature, Report of the Secretary-General A/72/175 (2017), paras. 28-31.

14 Harmony with Nature, Report of the Secretary-General A/73/221 (2018), para. 26.

남아프리카공화국

남아프리카공화국 항소 최고법원은 2018년 6월 1일 자신의 고유한 전통 시스템에 따라 홍합을 채취할 수 있는 드웨사-스웨베(the Dwesa-Cwebe) 원주민 공동체의 관습법을 지지하는 판결을 선고하였다. 공동체는 홍합 군집의 건강한 생존을 보장하면서 홍합의 채취를 규율하는 전통적 법의 지속적 존재를 증명할 수 있었다. 판결은 식민지 개입과 간섭이 있기 오래전부터 존재해온 관습법과 공동체적 소유 시스템에 정당한 권위와 존중이 주어져야 함을 확인하였다.[15]

입법과 자연의 권리

볼리비아

2012년 볼리비아는 '어머니 지구 기본법(Framework Law of the Mother Earth and Integral Development for Living Well)'을 시행하여 파차마마의 법적 권리를 확정하고, 물질적 생산과 소비를 국가 목표로 거부하였다. 이 법은 재생가능에너지, 유기농업 및 기업 행태에 관한 특별한 규정을 두고 있고, 거기다 '어머니 지구'라는 새로운 정부 부처와 시민들의 신청(이의)을 수리·응대하는 옴부즈맨제도를 설치하고 있다. 에콰도르에서와 같이 시민과 단체는 원고적격을 부여받음으로써 자연의 권리를 방어할 수 있게 되었다.[16]

15 Id., para. 34.
16 Oliver A. Houck(2017), "Noah's Second Voyage: The Rights of Nature As Law," *Tulane Environmental Law Journal*, vol. 31, at 40.

멕시코

멕시코시티는 2017년 초 제13조 제1, 2항에서 자연의 권리를 다루는 새 헌법을 채택하였다. 이 조항에 따라 주 당국은 보전 및 보호를 받을 자연의 권리를 보장해야 한다. 새 헌법은 모든 생태계와 종으로 형성된, 집합적 권리를 가진 집합적 주체로서 자연의 권리를 인정하고 규율할 법률의 제정을 지시하고 있다. 멕시코시티 시민은 자연의 이익을 위하여 헌법상의 기본적 권리를 집행할 수 있게 되었다. 게레로(Guerrero)주 헌법도 제2조에서 이와 유사하게 자연의 권리를 인정하고 있다.[17]

뉴질랜드

① 테 우레웨라 법(Te Urewera Act 2014)

1954년 국립공원으로 지정된 테 우레웨라 삼림 지역은 2014년 7월 27일 테 우레웨라 법률에 따라 "법인으로서 모든 권리와 권한, 의무와 책임"을 지닌 "법적 실체(legal entity)"가 되었다(제11(1)조). 테 우레웨라 지역은 이제 뉴질랜드 영연방국가의 토지도 아니고 국립공원도 아니다. 자연유보지(freehold land)다. 테 우레웨라는 환경부가 아니라 신설된 위원회(Te Urewera Board)가 관리한다. 이 위원회는 테 우레웨라의 이름으로 테 우레웨라의 이익을 위해 행동할 책무를 진다(제17(a)조). 위원회는 첫 3년 동안은 투호에족(Tūhoe, 마오리 부족)과 정부가 각각 지명한 4명의 위원으로 구성된다. 그 뒤 1명이 추가돼 투호에족이 지명한 6명의 위원과 정부가 지명한 3명의 위원(총 9명)으로 구성된다. 위

17 Harmony with Nature, Report of the Secretary-General A/72/175(2017), para. 32.

원회는 관습적 가치와 법을 반영하고, 의사결정시 테 우레웨라와 함께 형성된 마오리의 문화와 전통을 고려해야 한다. 위원회는 만장일치 또는 총의로 의사결정을 하도록 노력해야 한다.

테 우레웨라 법과 국립공원법 사이에는 유사성이 있지만 그 목적은 미묘하게 다르다. 국립공원법은 "공원의 내재적 가치와 일반 대중의 편익과 이용 및 향유를 위한 국립공원의 영구적 보전"을 전제로 한다. 공원의 보전은 국가이익(national interest)이다. 반면에 테 우레웨라 법 section 4는 이 법의 목적을 다음과 같이 규정한다.

> 이 법은 테 우레웨라의 정체성과 그 보호 지위를 영구적으로 설정하고 보전하는 것이다. 테 우레웨라의 고유한 내재가치와 탁월한 자연적·문화적 가치, 그러한 가치의 온전성, 국가적 중요성 그리고 특히 (a) 투호에족과 테 우레웨라 간의 연계성을 강화, 유지하고, (b) 테 우레웨라의 자연적 특성과 아름다움, 그 온전한 토착적 생태 시스템과 생물다양성, 그 역사적 및 문화적 유산을 가능한 한 보전하며, (c) 공공의 이용과 향유, 오락과 학습 및 영적 성찰을 위한 장소로 또한 모두를 위한 영감을 위한 공간으로 제공되어야 한다.

② 테 아와 투푸아(황거누이강 분쟁 해결) 법
(Te Awa Tupua(Whanganui River Claims Settlement) Act 2017)

뉴질랜드에서 세 번째로 긴 황거누이강은 마오리족이 신성시하는 수로로 북섬 중부 지역에서 바다까지 290킬로미터를 흐르고 있다. 황거누이강 주변의 마오리족 공동체는 1873년 이래로 이 강과의 특별한 관계를 인정받고자 정부를 상대로 싸워왔다. 황거누이강은 불가분의 살아 있는 유기체로 북섬 중앙의 산들로부터 바다에 이르기까지 모든 물질적·정신적 요소들을 포용하고 있다고 마오리족 공동체는 믿고 있다. 뉴질랜드 원주민인 마오리족은 약 150년의 긴 싸움 끝에 자신들이 신성하게 여기는 강에 법인격(legal personality) 지위를 인정받음으로써 강을 둘러싼 고유한 전통을 유지할 수 있게 됐다.

뉴질랜드 의회는 2017년 3월 15일 뉴질랜드 북섬에 있는 황거누이강에 법인격을 부여하는 내용의 황거누이강 분쟁 해결법을 통과시켰다.[18] 이 법에 따라 황거누이강은 권리와 의무, 책임 등 인간이 가진 것과 같은 법 지위를 갖게 되며, 마오리족 공동체가 임명한 대표자 1명과 정부가 임명한 대리인 1명으로 구성된 보호자, 테 포우 투푸아(Te Pou Tupua)가 강의 건강과 안녕의 이익을 대변하게 된다.[19] 새로운 법 실체(legal entity)로서 황거누이강은 소를 제기할(소를 제기당할 수도 있다) 권리가 있다.

미국

미국에서는 전국 지방자치단체들이 조례를 통하여 자연의 권리를 인정하고 있다. 자연을 법적 권리 주체로 인정하려는 최초의 시도는 2006년 미국 펜실베이니아주의 작은 시골 마을인 타마쿼(Tamaqua) 자치구에서 있었다. 석탄산업은 과거 상당 기간 동안 타마쿼 자치구 경

18 뉴질랜드 정부와 마오리족 공동체 간 협상은 2009년 공식적으로 시작돼 5년 후인 2014년 타결됐다. 이어 2017년 관련 법안이 의회에 제출됐다. 뉴질랜드 정부는 이 법의 통과에 따라 마오리족 공동에 8천만 뉴질랜드 달러(636억 원)를 보상하고, 강의 보존을 위해 추가로 3천만 뉴질랜드 달러(238억 원)를 지원하게 된다.(연합뉴스 2017. 3. 16. 기사, “뉴질랜드, 강에 세계 첫 ‘인간 지위’… 원주민, 보존 싸움 승리”)

19 뉴질랜드의 정부 각료인 크리스토퍼 핀레이슨은 “강에 법인격을 부여하는 접근방식은 독특하다”면서 “이는 황거누이강을 둘러싼 전통과 관습, 관행을 인정받고자 하는 마오리족의 관점에 응답한 것”이라고 말했다.(연합뉴스 2017. 3. 16. 기사, “뉴질랜드, 강에 세계 첫 ‘인간 지위’… 원주민, 보존 싸움 승리”)

제의 중심이었다. 그러나 탄광산업이 사양길로 접어들면서 광산회사는 유독 폐기물이 투기된 광산 갱내를 다른 수익 용도로 활용할 방안을 찾고 있었다. 산업폐수 슬러지가 갱내 투기되었고, 유독성 폐기물이 주변 강과 지하의 대수층으로 유출되기 시작했다. 탄광회사는 갱내를 비산재(채광 과정에서 발생한 유독한 잔여물)로 메우려고 계획하고 있었다. 그러나 자치구에는 이를 규제할 수 있는 환경 시스템이 마련되어 있지 않았다. 법적으로 강과 지하 대수층은 원고적격이 인정되지 않고, 오염된 갱도는 탄광회사의 소유여서 현행법과 규제 시스템 아래서는 자치구와 지역 생태계를 보호할 수 있는 수단과 방법이 없었다.

결국 타마쿼는 오염되고 있는 자연 생태계의 권리와 지역 공동체에 영향을 미치는 사안에 어떤 결정을 할 수 있는 공동체의 권리를 인정하는 조례를 통과시켰다. 조례는 "어떤 기업이 자연 공동체 또는 생태계에 간섭하거나 또는 손해를 일으키는 것은 불법행위에 해당한다. … 생태계는 이 규정을 집행할 목적에 한하여 '사람(person)'으로 본다. 자치구와 거주자들은 자연 공동체와 생태계를 대변할 원고적격을 가진다"고 선언한 것이다.

2010년 피츠버그(Pittsburgh)시도 지역 생태계와 자연 공동체의 권리를 인정하는 한편 시 안에서의 수압파쇄를 방지하기 위하여 회사의 법인격을 제한하는 조례를 통과시켰다. 2013년 산타모니카(Santa Monica)시의 경우 지속가능한 기후에 대한 권리를 포함하여 건강한 환경에 대한 시민의 권리와 존재하고 번성할 자연의 내재적 권리를 인정하는 결의를 하였고, 이는 시의 전체 지속가능성 계획의 한 부분이 되었다. 그 밖의 많은 주의 지방자치단체 — 콜로라도(Colorado), 메인(Maine), 메릴랜드(Maryland), 뉴햄프셔(New Hampshire), 뉴멕시코(New Mexico), 뉴욕(New York), 오하이오(Ohio), 펜실베이니아(Pennsylvania),

버지니아(Virginia) — 들이 자연의 내재적 권리를 인정하는 자치법을 통과시켰다.[20]

오스트레일리아

2017년 9월 21일 오스트레일리아 빅토리아주 의회는 야라강 보호법(Yarra River Protection (Wilip-gin Birrarung murron) Act 2017)을 통과시켰다. 이 법에서 야라강은 불가분의 살아 있는 법적 실체로 인정되어 보호를 받을 수 있다. 또 예로부터 강에 의지하며 살아온 사람들과 강과의 본원적 연결성 및 토지와 수로의 후견인(custodians)으로서 그들의 역할이 인정되었다.[21]

벨리즈

서반구에서 '큰 보초(barrier reef)'의 고향인 벨리즈 정부는 해안에서 유류 관련 행위를 금지함으로써 해양의 지속가능성에서 세계 리더가 되었다. 보초를 보존하라는 전 지구적 압력에 응답하여 2017년 12월 29일 법으로 통과된 무기한 모라토리엄의 채택은 일찍부터 자연을 권리주체로 인정하는 근거가 되었다.[22]

브라질

2017년 12월 21일 브라질 페르남부코(Pernambuco)주 보니토(Bonito) 지

20 Harmony with Nature, Report of the Secretary-General A/72/175(2017), para. 39.
21 Harmony with Nature, Report of the Secretary-General A/73/221(2018), para. 23.
22 Id., para. 24.

자체의 기본법(the Organic Law) 개정에서 처음으로 자연의 권리가 인정되었다. 이후 2018년 4월 25일 파우달호(Paudalho) 지자체에서 자연의 권리 입법을 채택하였고 계속해 다른 주 지자체도 전례를 따랐다. 그러한 입법은 입법자와 비정부기구 MAPAS(Métodos de Apoio à Práticas Ambientais e Sociais) 간의 긴밀한 협력을 통해 시행되고 있다.[23]

코스타리카

2017년 9월 25일 코스타리카의 루이스 기예르모 솔리스 대통령은 2016년 4월 24일 어머니 지구에 관한 행정명령에 따라 '어머니 지구의 평화와 안녕 협약(the Mother Earth Peace and Wellness Agreement)'에 서명하였다. 이 협약은 기후변화 완화를 위하여 각 개인이 책임을 지는 한 방법으로, 어머니 지구의 의식적 진화 원칙 선언이 서명되고 이행될 것을 요구하는 코스타리카 가이아재단과 어머니 지구 위원회가 8개 원주민 부족의 대표와 함께 2012년에 시작한 구상으로부터 나온 결과였다. 또한 협약은 코스타리카를 탄소중립국가로 전환하려는 국가 목표에서 개인의 책임의식을 강조함으로써 시민들이 자신의 생태발자국을 감소시켜 어머니 지구와 다시 연결되는 것을 지상과제로 인정하고 있다.[24]

23 Id., para. 25.
24 Id., para. 31.

나가며:
자연의 권리와 지구법학

경제성장과 자연파괴의 동반 관계를 절연하려는 노력이 성공하려면 우리는 자연의 고유한 내재가치(intrinsic value)를 인정하는 법이 필요하다. 동반 관계의 절연은 자연이 권리를 가짐을 인정하면서, 법인격 부여를 통해 그리고 생명을 부양하는 생태계에 부합하는 법적 틀을 통해 가능할 것이다. 자연의 권리로 대표되는 새로운 패러다임은 에콰도르, 볼리비아, 뉴질랜드, 멕시코, 브라질, 인도, 아프리카 및 미국의 주정부, 지방정부 및 법원 차원에서 인정되어왔다. 이러한 법이 유효하려면 사회의 모든 영역에 걸친 우리 시스템 모두를 자연과의 조화 속에 운용되도록 해야 한다.

지구법학은 한마디로 자연의 권리를 적극적으로 인간법학에 수용하자고 제안하는 법철학이라 할 수 있다. 헌법재판소는 야생 동식물 보호법 제16조 제3항 위헌소원사건(헌재 2013. 10. 24. 2012헌바 431 결정)에서 "우리 헌법은 동·식물계를 비롯하여, 공기, 물, 토양, 기후, 경관 등 자연적 생활근거, 즉 자연환경에 대한 권리로서 환경권을 기본권의 하나로 명시하고 국가와 국민 모두에게 환경보전의무를 부과하고 있다. 동물은 자연환경을 구성하는 생명체로서 인류가 지속가능한 환경을 유지하기 위하여 동물 생태계와 그 서식 환경을 보존해야 할 공동의 필요성이 있다. 동물이 생명체로서 인간이 마음대로 지배할 수 있는 객체가 아니라 인간과 공존하도록 보호해야 할 대상으로 보아야 한다는 인식은 외국의 경우에도 법적으로 인정되는 추세이며, 일부 국가에서는 동물에게 사람과 물건 사이의 제3의 법적 지위를 부여하거나 동물을 보호해야 할 의무를 헌법에 명문화함으로써 동물보호에 대한 인간의 책임성을 강조하고 있기도 하다"며 일반적인 물건에 대한 재산권 행사에 비하여 동물에 대한 재산권 행사는 사회적 연관성과 사회적 기능이 매우 크다 할 것이므로 이를 제한하는 경우 입법 재량의 범위를 폭넓게 인정함이 타당하다고 하였다. 동물에 대한 인식이 점진적으로 변화하고 있음을 이 결정에서 엿볼 수 있다.

인식의 변화는 우리 인간도 비인간 존재와 마찬가지로 지구 공동체의 한 성원이라는 점을 인정할 때 비로소 가능할 것이다. 지구법학은 이러한 인식 변화를 추동하는 (법)철학으로서 충분한 설득력을 가진다.

참고: 자연의 권리 연표(Chronology of RoN)[25]

- 1972
- *The Southern California Law Review*에 시대의 획을 그은 스톤(Christopher Stone) 교수의 논문 「나무도 원고적격을 가져야 하는가(Should trees have standing - toward legal rights for natural objects)」가 게재되었다. 논문에서 스톤 교수는 현행 법구조 아래에서 어떻게 자연이 권리가 없는 것으로 다루어지는지 서술하였다.

- 1989
- 내시(Roderick Nash) 교수는 『자연의 권리(*The Rights of Nature: A History of Environmental Ethics*)』에서 역사를 통해 권리 없는 존재(the right-less) — 노예, 여성 그 밖의 존재 — 가 법적 권리체계 안에 자신들을 포함시키기 위하여 어떻게 투쟁해왔는지 설명하고 있다.

- 2001
- 토마스 베리는 「권리의 기원과 분화 그리고 역할(The Origin, Differentiation and Role of Rights)」에서 지구 공동체 모든 성원들이 어떻게 내재적 권리를 갖는지 기술하였다.

- 2003
- 남아프리카공화국 변호사 컬리넌(Cormac Cullinan)은 토마스 베리와 함께 『야생의 법(*Wild Law: A Manifesto for Earth Justice*)』에서 스톤과 내시가 촉발한 자연의 권리에 관한 법적·역사적 논의에 중요한 영적·도덕적 요소를 추가하면서 자연의 권리에 관한 새로운 장을 열었다.

- 2006
- 환경단체인 환경보호기금(CELDF: The Community Environmental Legal Defense Fund)은 펜실베이니아 스쿨킬(Schuylkill) 카운티의 작은 마을 타마쿼 자치구(Tamaqua Borough)와 협력해 폐기물 회사가 마을에 유독한 하수 슬러지를 투기하는 것을 금지하고자 하였다. CELDF는 타마쿼 자치구가 슬러지 투기를 자연의 권리에 대한 침해로 보고 이를 금지하는 내용의 자연의 권리 법률안을 입안하는 것을 지원하였다.

- 2008
- 9월 에콰도르 국민은 국민투표에서 헌법개정안에 찬성하였다. 이에 따라 에콰도르는 세계에서 헌법에 자연의 권리를 인정한 첫 번째 나라가 되었다.

25 https://rightsofnaturesymposium.com/chronology-of-ron 참조.

• 2009

- 4월 22일 제63차 UN 총회는 4월 22일을 '국제 어머니 지구의 날(International Mother Earth Day)'로 선포하였다(A/RES/63/278). 볼리비아 대통령 모랄레스(Evo Morales Ayma)는 UN 총회에 국제 어머니 지구의 날 선언에 관한 성명서를 전달하였다(A/63/PV.80).

• 2010

- 4월 볼리비아는 기후변화 및 어머니 지구의 권리에 관한 콘퍼런스(the World People's Conference on Climate Change and the Rights of Mother Earth)를 개최하고 세계지구권 선언(Universal Declaration of Mother Earth Rights)을 이끌어냈다. 콘퍼런스 이후 볼리비아는 UN 총회에 검토를 의뢰하며 이 선언을 제출하였다.
- 8월 Harmony with Nature에 관한 사무총장 보고서(A/65/314) 첫 발간
- 11월 펜실베이니아 피츠버그시위원회는 셰일가스 굴착과 수압파쇄 금지의 일환으로 자연의 권리를 인정하는 조례를 만장일치로 통과시켰다. 이는 미국 주요 도시에서 법적으로 집행 가능한 자연의 권리를 입법화한 첫 사례다.
- 볼리비아 입법부는 어머니 지구의 권리 법(the Law of the Rights of Mother Earth)을 통과시켰다.
- 12월 제65차 UN 총회에서 Harmony with Nature에 관한 두 번째 결의(A/RES/65/164)가 채택되었다. 결의는 사무총장에게 국제 어머니 지구의 날을 기념하기 위한 쌍방향 대화(Interactive Dialogue)를 주최할 것과 Harmony with Nature에 관한 두 번째 보고서를 발간하고 the Harmony with Nature 웹사이트 개발을 시작할 것을 요청하였다.

• 2011

- 에콰도르에서 헌법 조항에 따른 최초의 자연의 권리 소송에서 생태계의 권리를 지지하는 판결이 내려졌다. 로야(Loja) 지방법원에서 심리된 소송에서 빌카밤바(Vilcabamba)강이 원고가 되었다. 강의 자연적 흐름과 건강에 간섭하는 정부의 고속도로 건설 사업 중단을 구하는 사건에서 강은 스스로 존재하고 유지될 수 있는 자신의 고유한 권리를 방어할 수 있게 되었다.
- 제66차 UN 총회에서 Harmony with Nature에 관한 세 번째 결의(A/RES/66/204)가 채택되었다.
- 8월 Harmony with Nature에 관한 사무총장 보고서(A/66/302) 발간
- 네팔에서 자연의 권리를 증진하기 위한 캠페인이 시작되었다. 현재 의회 의원들은 자연의 권리를 인정하는 헌법 개정을 검토하고 있다.

• 2012

- 볼리비아는 어머니 지구 기본법(Framework Law of the Mother Earth and Integral Development for Living Well) 아래 어머니 지구의 권리 법(the Law of the Rights of Mother Earth)을 채택하였다. 볼리비아 다민족입법부(Plurinational Legislative Assembly)에서 통과된 이 법은 법령에서 어머니 지구의 권리를 인정하고 있다.

- 뉴질랜드 정부는 황거누이(Whanganui)강에 의존해 살아가는 마오리 부족 등 원주민과 황거누이강의 법인격을 인정하는 내용의 합의에 이르렀다.
- 4월 국제 어머니 지구의 날을 기념하기 위하여 Harmony with Nature에 관한 총회의 두 번째 쌍방향 대화가 열렸다. 이 대화에서 인간 활동이 지구 시스템의 기능에 미치는 영향에 관한 과학적 발견이 논의되었다.
- 6월 20일부터 22일까지 열린 UN 지속가능발전 콘퍼런스(Rio+20)의 결과물인 「우리가 원하는 미래(The Future We Want)」 제39절(Harmony with Nature)에서 자연의 권리가 언급되었다.
- 8월 Harmony with Nature에 관한 세 번째 사무총장 보고서(A/67/317)가 발간되었다.
- 세계자연보전연맹(IUCN)은 의사결정에서 자연의 권리를 반영하는 정책을 채택하였다.
- 12월 제67차 UN 총회에서 Harmony with Nature에 관한 네 번째 결의(A/RES/67/214)가 채택되었다.

• 2013
- 유럽 시민의 자연의 권리 구상(the European Citizens Initiative for the Rights of Nature)을 위한 캠페인이 시작되었다. 이 구상은 유럽 시민들이 정부에 심의를 위한 안건을 제출하는 것을 허용하고 있다.
- UN 제68차 총회에서 Harmony with Nature에 관한 다섯 번째 결의(A/RES/68/216)가 채택되었다.
- Harmony with Nature에 관한 네 번째 사무총장 보고서(A/68/325)가 출간되었다.

• 2014
- 자연의 권리를 위한 국제연맹(The Global Alliance for the Rights of Nature)은 자연의 권리에 관한 국제 회합을 지원하고, 에콰도르 수도 키토(Quito)에서 세계 최초로 국제 자연의 권리 재판소[26]를 열었다.
- 뉴질랜드 의회는 투호에족(Tūhoe people)과 정부 간의 합의를 최종 타결 짓는 테 우레웨라 법(the Te Urewera Act)을 통과시켰다. 이 법은 테 우레웨라 — 전체 면적이 2,000평방킬로미터가 넘는 전(前) 국립공원 — 가 "자신의 고유한 권리로 법적 승인"을 받는 것을 인정하고 있다.
- 제69차 UN 총회에서 Harmony with Nature에 관한 여섯 번째 결의(A/RES/69/224)가 채택되었다.
- Harmony with Nature에 관한 다섯 번째 사무총장 보고서(A/69/322)가 출간되었다.

26 소송사건은 다음과 같다. Chevron-Texaco (Ecuador); BP Spill (USA); Yasuní (Ecuador); Great Coral Reef (Australia); Condor Mirador (Ecuador); Fracking (USA); Persecution of Defenders of Mother Earth (Ecuador); GMOs; Climate Change.

- 12월 제20차 기후변화 당사국 총회(COP20)가 개최되는 동안 리마에서 제2회 국제 자연의 권리 재판소[27]가 열렸다.

• 2015
- 스웨덴 의회(Sweden's Riksdag)는 자연의 권리를 스웨덴 법에 반영하는 방법을 제안할 준비위원회의 설치를 검토하였다.
- 5월 프란치스코 교황은 「찬미받으소서-공동의 집을 돌보는 것에 관한 회칙(the encyclical Laudato Si, "On Care For Our Common Home")」을 발표하였다. 회칙에서 교황은 소비주의와 무책임한 개발을 비판하며, 환경훼손과 기후변화를 개탄하고 있다. 전 지구적으로 통일된 조치를 신속하게 취할 것을 호소하는 교황의 회칙은 자연의 권리를 위한 기초이다.
- 제70차 UN 총회에서 Harmony with Nature에 관한 제7차 결의(A/RES/70/208)가 채택되었다.
- Harmony with Nature에 관한 제6차 사무총장 보고서(A/70/268)가 출간되었다.
- 파리에서 제21차 기후변화 당사국 총회(COP21)가 열리는 동안 제3회 국제 자연의 권리 재판소[28]가 열렸다.

• 2016
- 2월 잉글랜드와 웨일즈의 녹색당은 자연의 권리 정책 플랫폼을 채택하였다. 스코틀랜드 녹색당도 비슷한 조치를 취했다.
- 콜롬비아의 헌법재판소는 아트라토(Atrato)강이 "보호, 보전, 유지 및 복원"에 대한 권리를 가진다고 판결했다. 또 원주민과 정부로 구성되는 강을 위한 공동 보호기구(joint guardianship)를 설치하였다.

27 소송사건은 다음과 같다. Yasuní (Ecuador); Chevron-Texaco (Ecuador); BP (Gulf of Mexico); Fracking (USA/Bolivia); Condor Mirador (Ecuador); Conga-Cajamarca Mine (Peru); Climate Change and False Solutions; Great Barrier Reef (Australia); Defenders of the Earth-Bagua (Peru); 4 Basins-Corrientes (Peru); Belo Monte (Brazil); REDD.

28 소송사건은 다음과 같다. Climate Change; Financialization of Nature / REDD; GMOs, Defenders of Nature; Mega Hydroelectric Plants (Brazil); Oil exploitation in Ecuador (Yasuní and Chevron) and presentation of new cases (Corralejas Colombia; 570 hydro power dams in Eastern Europe; Gold mining in Galicia, Greece & cyanide spill in Romania; Lack of int'l coherence in ocean "management"; Shell in Nigeria + Tar Sands in Canada).

- 제71차 UN 총회에서 여덟 번째 Harmony with Nature에 관한 결의(A/RES/71/232)가 채택되었다.
- 지구법학을 다루는 Harmony with Nature의 첫 번째 전문가 요약 보고서(A/71/266)가 발표되었다.

• 2017
- 뉴질랜드 의회는 황거누이강에 생태계로서 법인격을 부여하는 법률(the Te Awa Tupua Act)을 제정하였다.
- 인도 우타라칸드(Uttarakhand) 고등법원은 갠지스강과 야무나강(the Ganga and Yamuna), 그리고 빙하 및 그 밖의 생태계를 특정한 권리를 갖는 법인으로 인정하는 판결을 내렸다.
- 멕시코시티는 "권리주체인 집합적 실체로서 생태계와 종들로 구성되는 자연의 권리의 광범한 보호"를 인정하고 규율하는 자연의 권리에 관한 법의 입법을 명하는 새로운 헌법을 통과시켰다.
- 미국 콜로라도 라피엣(Lafayette)은 건강한 기후에 대한 인간과 자연의 권리를 인정하고, 이러한 권리에 대한 침해인 석탄 연료의 채굴을 금지하는 기후권리장전(the Climate Bill of Rights)을 최초로 시행했다.
- 4월 21일 지구법학과 지속가능한 발전을 다루는 제7차 Harmony with Nature 쌍방향 대화가 개시되었다.
- 콜로라도강 소송(Colorado River vs. State of Colorado)이 미 연방법원에 제기되었다. 미국에서 특정 생태계가 자신의 법적 권리에 대한 인정을 구하는 최초의 소송이다.
- 제23차 기후변화 당사국 총회(COP23)가 열리는 동안에 제4회 국제 자연의 권리 재판소[29]가 11월 7일부터 8일까지 독일 본에서 열렸다.

29 소송사건은 다음과 같다. Climate Change (false energy solutions); Financialization of nature; Water deprivation in Almería-Spain; Defenders of Mother Earth; Lignite Mining in Germany; Threats to the Amazon (Ecuador, Brazil, Bolivia-Tipnis and French Guyana); Implications of free-trade agreements to Nature.

참고문헌

박태현(2019). 「에콰도르 헌법상 자연의 권리, 그 이상과 현실」. 『환경법연구』 제41권 2호.

프란치스코 교황(2015). 『찬미받으소서 공동의 집을 돌보는 것에 관한 회칙』. 한국천주교중앙협의회.

홍성태·최현·박태현(2018). 『공동자원론, 생태헌법을 제안한다』. 진인진.

Boyd, David(2017). *The Rights of Nature: A Legal Revolution That Could Save the World*. ECW Press.

Harmony with Nature(2017). Report of the Secretary-General A/72/175.

Harmony with Nature(2018). Report of the Secretary-General A/73/221.

Houck, Oliver(2017). "NOAH'S SECOND VOYAGE: THE RIGHTS OF NATURE AS LAW." *Tulane Environmental Law Journal*, vol. 31.

Kauffman, Graig and Pamela Martin(2017). "Can Rights of Nature Make Development More Sustainable? Why Some Ecuadorian Lawsuits Succeed and Others Fail, 92 World Development 130."

O'Donnell, Erin(2018). "At the Intersection of the Sacred and the Legal: Rights for Nature in Uttarakhand, India." *Journal of Environmental Law* 30.

제2부

지구법학과 국제사회

제4장

지구법학과 유엔 그리고 국제시민사회

정혜진

◇◇◇◇

들어가며

지구법학은 법과 거버넌스에 대한 새로운 철학이다. 지구법학에 따르면 인간 사회는 지구 자원을 이용하는 유일한 주체가 아니라 더 넓은 지구 공동체의 한 부분일 뿐이므로 이 새로운 법과 거버넌스를 통해 근본적으로 다르게 보아야 한다.

인간 그리고 인간이 만든 법인(法人)만이 권리의 주체이고 지구의 다른 구성원은 권리의 객체로 보는 현재의 법체계에서는 지구법학에 기초를 둔 가치관과 세계관은 도무지 수용될 것 같지 않은 급진적 환경주의자의 주장처럼 들리기도 한다. 그러나 국제사회에서 지구법학의 가치관에 공감하는 사례가 늘고 있고 새로운 대안적 세계관으로 채택해야 한다는 목소리가 갈수록 커지고 있다. 그 대표적 근거는 국제사회의 대표적인 거버넌스 기구인 유엔(UN: United Nations, 국제연합)에서 지구법학을 알리고 홍보하며 세계 각국이 이런 인식을 하도록 하는 활동을 확대하고 있다는 점이다. 물론 그 근간에는 국제시민사회에서 꾸준히 지구법학의 가치관을 전파해온 배경이 있기도 하다.

이 글에서는 국제시민사회에서 지구법학이 확산되어온 과정, 유엔에서 지구법학 활동이 받아들여진 배경, 그리고 유엔에서의 지구법학 활동을 소개한다.

유엔의 기존 환경 활동의 한계

유엔과 지구법학이 만나게 된 계기를 이야기하려면 유엔에서의 환경 활동을 먼저 이야기할 필요가 있다. 유엔은 1945년 전쟁 방지, 평화 유지, 정치·경제·사회·문화 등 모든 분야의 국제협력을 증진하기 위해 설립되었지만, 18세기 이후 산업화의 부작용으로 발생한 환경문제가 인류 전체를 위협할 수 있는 문제로 대두되면서 시대의 요구에 따라 자연스럽게 이 분야에서도 국제협력을 이루기 위한 노력을 해왔다.

그 시작은 1972년 유엔인간환경회의(United Nations Conference on the Human Environment)로 거슬러 올라간다. '하나뿐인 지구(Only One Earth)'라는 주제로 그해 6월 5일부터 16일까지 스웨덴의 수도 스톡홀름에서 열린 유엔 차원의 첫 환경 관련 회의에는 세계 113개국에서 약 1,200명의 정부 대표가 참석했다.[1] 위 회의에서 채택된 스톡홀름 선언(Declaration of the United Nations Conference on the Human Environment)은 7개 선언 조항과 30개의 원칙으로 구성되었는데, 선언 조항의 주요 내용은 다음과 같다.[2]

1. 인간은 인간에게 물질적인 생계 수단을 제공하고, 지성적, 윤리적, 사회적, 그리고 정신적인 성장을 하게 해주는 환경의 창조물이자 형성물이다. 과학기술이 급속히 가속화되면서 이 지구에서 인류의 길고 험난했던 진

1 이 회의가 개최된 6월 5일을 우리도 '환경의 날'로 기념하고 있고, 이 회의가 계기가 되어 이듬해인 1973년 유엔환경계획(UNEP)이 출범하였다.

2 유넵 한국위원회의 번역을 따랐다. www.unep.or.kr/sub/sub05_02.php?mNum=5&sNum=2&boardid=data2&mode=view&idx=89 참조.

보는 인간이 무수한 수단과 전례 없는 규모로 환경을 변화시킬 수 있는 힘을 갖게 되는 정도의 단계에 도달하였다. 자연적이든 인위적이든 인간의 환경에 대한 양 측면은 인간의 안녕과 기본권의 향유, 생존권을 위해 없어서는 안 되는 것이다.

2. 인간환경의 보호와 개선은 인류의 행복과 범세계적인 경제발전을 위한 중요한 문제이다. 즉, 인간환경을 보호하고 개선하는 일은 세계인의 절박한 소망이며 모든 정부의 의무이기도 하다.

5. 인구수의 자연증가는 항상 환경보전을 위한 문제들을 니디낸디. 그리므로 이 문제들에 적절히 대처하기 위해 적절한 정책과 조치가 채택되어야 한다. 세상에서 가장 존귀한 존재는 인간이다. 사회적 진보를 추진하고, 사회복지를 창조하고, 과학기술을 개발하고, 근면한 노력으로 계속해서 인간환경을 변화시키는 주체는 인간이다. 사회화와 생산의 진보, 과학기술과 함께 환경을 개선하기 위한 인간의 능력은 나날이 향상된다.

6. 우리는 환경적인 결과에 더욱 분별 있는 관심을 갖고, 세계 속에서 행동을 취해야 할 시점에 와있다. 무지와 무관심으로는 우리가 살고 있고 의존하고 있는 이 지구환경에 막대하고 돌이킬 수 없는 해를 입힐 수 있다. 반대로 더 많은 지식과 더 지혜로운 행동으로 우리는 인간의 필요, 소망과 더욱 조화를 이루는 환경에서의 더 나은 삶을 우리 자신과 후대에 전할 수 있다. 바람직한 삶을 창조하고 환경의 질을 증대하기 위한 폭넓은 전망들이 있다. 이를 위해 필요한 것은 열정적이지만 고요한 마음과 강렬하지만 정열적인 작업이다. 자연 세계에서 자유를 이룩하기 위한 목적으로 인간은 자연과 협력하여 더 나은 환경을 만들기 위해 지식을 사용해야 한다. 현재와 미래 세대를 위해 인간환경을 지키고 개선하는 것은 세계 경제사회발전과 평화의 기본적이고 확립적인 목표와 함께 모두 추구해야 할 인류를 위한 필수적인 목표이다.

7. 이 환경 목표를 달성하기 위하여 시민, 집단, 기업과 단체들 모두는 공통

의 노력 안에서 공평하게 책임감을 나누어 가질 것을 요구받는다. 여러 분야의 기관들뿐 아니라 모든 계층의 개개인은 스스로의 가치와 공동 행동으로 미래세계환경을 형성해나갈 것이다.

지구법학 시각에서 보면 스톡홀름 선언은 철저하게 인간중심주의적 세계관의 산물이다. 환경을 보호해야 한다고 하지만 그 이유는 세상에서 가장 존귀한 존재인 인간, 인류의 번영을 위해서다. 인간은 '자연과 협력'하여야 한다고 하지만, 환경은 철저히 인간을 위한 객체의 지위에 머물러 있다.

유엔은 스톡홀름 선언 20주년이 되던 1992년 6월 3일부터 14일까지 브라질 리우에서 첫 번째 유엔환경개발회의(UNCED: United Nations Conference on Environment and Development)를 열었다. 전 세계 178개국 정상급이 모인 가운데 '인간과 자연환경 보전, 경제개발의 양립' 및 '환경적으로 건전하고 지속가능한 발전(ESSD)'을 주제로 열린 이 회의에서는 '환경과 개발에 관한 리우 선언(Rio Declaration on Environment and Development)'을 채택했다. 리우 선언은 환경과 개발의 조화를 추구하는 기본 강령과 이후 국제환경협약의 철학적 기본 지침이 되는 27개 원칙 조항으로 구성되어 있는데, 주요 원칙은 다음과 같다.[3]

원칙 1

인간을 중심으로 지속가능한 개발이 논의되어야 한다. 인간은 자연과 조화를 이룬 건강하고 생산적인 삶을 향유하여야 한다.

3 환경운동연합의 번역을 참조하였다.(http://kfem.or.kr/?p=23259)

원칙 2

각 국가는 유엔헌장과 국제법 원칙에 조화를 이루면서 자국의 환경 및 개발 정책에 따라 자국의 자원을 개발할 수 있는 주권적 권리를 갖고 있으며 자국의 관리구역 또는 통제범위 내에서의 활동이 다른 국가나 관할범위 외부 지역의 환경에 피해를 끼치지 않도록 할 책임을 갖고 있다.

원칙 3

개발의 권리는 개발과 환경에 대한 현세대와 미래 세대의 요구를 공평하게 충족할 수 있도록 실현되어야 한다.

원칙 4

지속가능한 개발을 성취하기 위하여 환경보호는 개발 과정의 중요한 일부를 구성하며 개발 과정과 분리시켜 고려되어서는 안 된다.

원칙 7

각 국가는 지구 생태계의 건강과 안전성을 보존, 보호 및 회복시키기 위하여 범세계적 동반자의 정신으로 협력하여야 한다. 지구의 환경악화에 대한 제각기 다른 책임을 고려하여, 각 국가는 공통된 그러나 차별적인 책임을 진다. 선진국들은 그들이 지구환경에 끼친 영향과 그들이 소유하고 있는 기술 및 재정적 자원을 고려하여 지속가능한 개발을 추구하기 위한 국제적 노력에 있어서 분담하여야 할 책임을 인식한다.

원칙 8

지속가능한 개발과 모든 사람의 보다 나은 생활의 질을 추구하기 위하여 각 국가는 지속 불가능한 생산과 소비 패턴을 줄이고 제거하여야 하며 적절한 인구정책을 촉진하여야 한다.

원칙 15

환경을 보호하기 위하여 각 국가의 능력에 따라 예방적 조치가 널리 실시되어야 한다. 심각한 또는 회복 불가능한 피해의 우려가 있을 경우, 과학적 불확실성이 환경악화를 지양하기 위한 비용/효과적인 조치를 지연시키는 구실로 이용되어서는 안 된다.

지구법학의 시각에서 볼 때 리우 선언도 스톡홀름 선언의 인간중심적 세계관에서 크게 나아가지는 못했다. UNCED 준비 초기에는 세계 정상들이 선언 형식보다는 좀 더 나아간 '지구헌장(Earth Charter)' 형식으로 구상하였으나 국제적 협의 과정에서 남(후진국)과 북(선진국)의 의견 대립이 컸고 전 세계가 합의할 수 있는 수준으로 조정하다 보니 형식과 내용 면에서 원래 구상했던 것보다 많이 후퇴하였기 때문이다. 다만 '지속가능한 발전'이라는 거버넌스 원리[4]가 본격적으로 세워졌다는 점, 그리고 원칙 1에서 '자연과의 조화(harmony with nature)'라는 입장을 확립함으로써 지구법학이 유엔과 만나는 교두보 역할을 하게 된다는 점을 진전된 의의로 삼을 수 있을 것이다.

한편 1992년 리우 회의에서 지구헌장을 채택시키려고 노력했던 국제시민사회는 민간 차원에서 지구헌장을 마련하고 이를 유엔 공식 헌장으로 만드는 활동을 시작했다. 리우 회의 사무총장이었던 모리스 스트롱이 세운 '지구위원회(Earth Council)'라는 단체와 소련 전 대통령

4 '지속가능한 발전'이라는 개념이 처음 유엔에 등장한 것은 1987년이다. 유엔에서 설립한 세계환경개발위원회(WCED: World Commission on Environment and Development) 일명 브룬틀란트위원회(Brundtland Commission)가 그해 발표한 「인류 공동의 미래(Our Common Future)」라는 보고서가 그 원천지다. 이 보고서는 '미래 세대의 필요를 충족시킬 능력에 손상을 주지 않으면서 현세대의 필요를 충족시키는 개발' 개념으로 '지속가능한 발전'이라는 용어를 정의하면서, 현세대의 과도한 자원 사용과 개발이 후세대의 복지를 위협하지 않도록 배려하여야 하고, 지속성·형평성·효율성을 토대로 사회경제 등 모든 분야의 정책 수립 시에 가장 우선적으로 배려해야 할 중심 주제라고 하였다.

미하일 고르바초프가 설립한 국제녹십자(GCI: Green Cross International)가 힘을 합쳐 1994년 시민사회운동으로 '지구헌장 이니셔티브'를 시작해 독립된 '지구헌장위원회'가 1997년에 출범했다. 1997년 리우+5 회의에서 초안을 검토하고 마침내 2000년 3월에 합의에 이르렀다.[5]

지구헌장은 전문(preamble)과 16개의 원칙, 그리고 결어에 해당하는 '앞으로 나아갈 길' 세 부분으로 구성되어 있다. 그 주요 내용은 다음과 같다.[6]

전문

인류는 현재 우리의 미래를 결정해야 할 역사적 순간에 서 있다. … 앞으로의 전진을 위하여 우리는 삶과 문화의 다양성 속에서도 공동의 운명을 지닌 하나의 가족이며 하나의 지구 공동체임을 명심하여야 한다. (후략)

지구, 우리의 보금자리

인류는 진화하는 우주의 한 부분이다. 우리의 보금자리인 지구는 독특한 생명 공동체로 생존하고 있다. 자연의 힘은 불확실한 현상들을 만들어내지만 지구는 생명의 진화에 기본이 되는 요소들을 제공하고 있다. 생명의 탄력성과 인류의 복지는 생태계, 풍부한 동식물, 비옥한 토양, 맑은 물, 깨끗한 공기를 가진 이 지구를 어떻게 보전하느냐에 달려 있다. 한정된 자원을 가진 지구환경은 우리 모두의 공통 관심사이다. 지구의 생명력과 다양성과 아름다움을 지키는 것이 우리의 신성한 믿음이다.

원칙들

Ⅰ. 생명 공동체에 대한 존엄과 보호

다양성을 지닌 지구와 생명체를 존중한다.

5 http://earthcharter.org/invent/images/uploads/echarter_korean.pdf 참조.

6 http://earthcharter.org 참조.

a. 모든 존재는 상호의존적이며 모든 생명체는 인간에 대한 유용 여부에 관계없이 가치를 지님을 인정한다.

지구헌장은 인류중심적 가치관에서 벗어나 있다. 스톡홀름 선언과 리우 선언과 비교하여 보면 그 차이를 확연히 느낄 수 있다. 지구헌장 이니셔티브는 리우 회의 10년을 기념하여 2002년 남아프리카공화국 요하네스버그에서 열린 두 번째 지속가능발전 지구정상회의에서 지구헌장이 공식적으로 채택되도록 많은 노력을 기울였다. 하지만 요하네스버그 회의에서는 '지속가능한 발전'과 관련하여 빈곤, 물, 위생 등 분야별 세부 이행계획을 세우는 것에 그쳤고, 지구헌장은 공식적인 지지 성명을 얻는 데 만족해야 했다.[7]

지구법학의 태동과 확산

이야기를 다시 1972년으로 돌려보자. 인간중심적 시각에서 인간이 자연과 협력하여야 한다는 스톡홀름 선언이 있던 바로 그해, 자연의 권리를 처음으로 주창한 크리스토퍼 스톤의 「나무도 당사자적격을 가져야 하는가 - 자연물의 권리를 위하여」라는 글이 출판되었다.[8] 흥미로운

7 한편 '지구헌장 이니셔티브'는 지구헌장에 대해 현재까지 유네스코, 전 세계의 환경 관련 조직 중에서 가장 큰 세계자연보전연맹(ICUN) 등 2,000개 기관의 승인을 받았고, 지속적인 홍보활동과 교육활동을 하고 있다.

8 Christopher D. Stone(1972), "Should Trees Have Standing? - Towards Legal Rights for Natural Objects," *Southern California Law Review*, 45, pp. 450-501.

건 이 저자가 환경문제에서 출발하지 않았다는 사실이다. 저자는 법경제학을 전공하고 재산법을 가르치는 교수였다. 그는 재산법의 발전 과정에서 출발했다. 어느 한 사람이 다른 사람(노예)을 소유할 수 있었던 시대가 있었다. 같은 사람이지만 한 사람은 권리의 주체이고, 다른 한 사람은 권리의 객체였다. 미혼의 여자는 소유권을 가질 수 없었던 시대도 있었다. 흑인이라고 해서, 미혼의 여성이라고 해서, 권리를 부정당했던 시대를 생각하면 지금의 법 감정으로서는 그 시대를 이해하기 어렵다. 당시에 상상하기 어려운 권리를 상상해보는 것,[9] 저자는 여기에서 출발했다. "가령 자연이 권리를 갖는다는 … 것과 같이 지금과는 극단적으로 다르게 법적 사고를 전개한다면 어떻게 될까?"[10]

스톤 교수는, 인류의 도덕적 발전의 역사가 인간의 사회적 본능과 동정의 대상이 지속적으로 확장된 것이라고 말한 다윈을 인용하며,

미국 로스앤젤레스에 있는 남캘리포니아대학 교수였던 스톤은 당시 미 연방대법원에서 심리하고 있던 '시에라클럽 대 모턴(Sierra Club v. Morton)' 사건에 법률의견서(brief of amici curae)로 제출하기 위해 위 논문을 쓰고 서둘러 법률 잡지에 발표했다. '시에라클럽 대 모턴' 사건은, 월트디즈니 사가 캘리포니아 시에라네바다산맥의 미네랄 킹 계곡에 대한 개발을 미국 산림청에 신청하고 미국 산림청이 이를 허가하자 환경단체인 시에라클럽에서 생태계 파괴를 우려하며 법원에 금지명령을 청구한 사건이다. 이 소송에서 시에라클럽이 당사자적격을 가지는가가 쟁점이 되었다. 스톤 교수의 위 논문은, 스스로 행위할 수 없는 자연물의 원고적격을 인정해야 한다면 이 사건은 '시에라클럽 대 모턴'이 아니라 '미네랄 킹 대 모턴'으로 명명하는 것이 더 적절하다는 더글라스 대법관의 반대의견에 반영되면서 유명해졌다.

이후 스톤 교수의 위 글은 같은 제목의 책으로 출간되었다가 세 번의 개정을 거쳐 2010년 *Should Trees Have Standing? Law, Morality, and the Environment* 라는 책으로 출판되었다. 우리나라에서는 스톤의 초기 개정판이 '법정에 선 나무들'이라는 제목으로 2003년 번역 출간(허범 옮김, 아르케)되었다.

9 스톤의 논문은 'Introduction: The Unthinkable(서문: 생각할 수 없는 것)'이라는 소제목으로 시작한다.

10 크리스토퍼 스톤, 허범 옮김(2003), 『법정에 선 나무들』, 아르케, 7쪽.

법률의 역사도 마찬가지로 관심을 넓혀온 역사라고 논증했다. 수세기 전 흑인과 여성의 권리를 인정함으로써 인류가 진보하였듯이 지금 상상할 수 없는 자연의 권리를 인정함으로써 인류가 한 걸음 더 나아갈 수 있다는 것이다. 스톤 교수의 이런 주장은 더글라스 대법관의 반대 의견에 실린 이후 많은 사람들에게 영향을 미쳤고, '지구법학의 아버지'라 불리는 토마스 베리 신부의 사상 형성에도 기여하였다.[11]

문화역사학자이자 스스로를 '지구학자(geologian)'라고 부른 가톨릭 신부 토마스 베리는 우리 시대의 문제를 지구 황폐화로 보면서 인류중심주의를 극복하지 않으면 안 된다고 강조했다. 토마스 베리의 이런 사상이 '지구법학'이라는 새로운 개념으로 결실을 맺은 것은 2001년 4월 미국 워싱턴 근교 에얼리(Airlie)에서 열린 이른바 '에얼리 콘퍼런스(Airlie Conference)'를 통해서였다.[12] 런던에 기반을 둔 환경재단인 가이아재단(Gaia Foundation)이 주최한 이 콘퍼런스에서 토마스 베리는 지구법학의 10개 원리를 정리했다. 남아프리카공화국의 인권변호사 코막 컬리넌은 그때 베리와의 대화에서 영감을 받아 2002년 지구법학의 실천 방법으로 『야생의 법(*Wild Law*)』을 출간했다.[13] 토마스 베리의 사상이 법률가의 시각으로 정리된 이후로 법률가가 주축이 된 지구법학 활동이 본격적으로 전개되었다.

영국환경법학회(UKELA, UK Environmental Law Association. 환경법에 관심이 있는 법률가, 학생, 시민들의 모임)의 소모임 중 하나인 '야생의 법

11 지구법학 전문가 보고서라고 할 수 있는 UN A/71/266(Harmony with Nature Note by the Secretary-General, 2016. 8. 1.) 38, 39항 참조.

12 Mike Bell(2003), "Thomas Berry and an Earth Jurisprudence: An Exploratory Essay," *The Trumpeter*, 19(1).

13 코막 컬리넌, 박태현 옮김(2016), 『야생의 법』, 로도스, 16~23쪽.

그룹(The Wild Law Interest Group)'은 지구법학을 널리 알리기 위하여 2004년 4월 '야생의 법 워크숍'을 연 이후로 매년 '야생에서 보내는 휴일(Wild Weekend)'로 불리는 워크숍을 비롯해 출판, 강의 등 활발한 활동을 하고 있다.[14] 특히 2009년에는 런던에 기반을 두고 있는 가이아 재단과 공동으로 현 법체계에서 볼 수 있는 지구법학에 관한 보고서를 펴내기도 했다.[15]

미국에서는 2006년 플로리다주 올란도에 있는 배리대학(Barry University) 로스쿨에 지구법학센터(Center for Earth Jurisprudence)가 세워졌다. 지구법학센터는 그 임무로 지구의 건강과 삶의 지속가능성을 법적으로 보호하기 위해 법과 정책, 그리고 거버넌스 체계를 향상시키는 방안의 모색을 내세웠다. 이 센터는 2007년 4월 지구법학을 주제로 3일간의 컬로퀴엄을 개최하였고, 로스쿨에서 지구법학에 관한 정규 수업을 개설하는 등 지구법학의 확산 및 정책 반영을 위하여 활발한 활동을 펼치고 있다.[16] 호주에서는 2009년 호주 지구법연맹(Australian Earth Law Alliance)이 결성되고 그해부터 매년 '야생의 법 콘퍼런스(Wild Conference)'를 열고 있다.[17]

각 지역에서의 이런 산발적인 노력은 서로 연계되어 국제적으

14 이들의 활동에 대해서는 www.ukela.org/wild-law 참조.

15 보고서 제목은 「WILD LAW: IS THERE ANY EVIDENCE OF PRINCIPLES OF EARTH JURISPRUDENCE IN EXISTING LAW AND LEGAL PRACTICE?」이다. 보고서는 유럽, 인도, 아프리카, 뉴질랜드, 미국, 남미에서 발견할 수 있는 자연의 권리에 관한 사례를 '야생의 법(Wild Law)' 사례로 소개한다. 보고서 전문은 www.ukela.org/content/page/6171/Wild%20Law%20Research%20Report%20published%20March%202009.pdf에서 다운받을 수 있다.

16 자세한 활동 상황은 www.earthjurist.org 참조.

17 자세한 활동 상황은 www.earthlaws.org.au 참조.

로도 이어졌고, 지구법학을 유엔 차원의 아젠다로 설정하기 위한 노력이 가속화되었다.

지구법학과 유엔의 만남

2009년은 지구법학과 유엔의 만남에서 전초기지 같은 역할을 한 해이다. 유엔에서 4월 22일을 '국제 어머니 지구의 날'로 기념하기로 결정한 해이기도 하고, 지구법학 정신을 담은 지식 플랫폼 '하모니 위드 네이처'에 관한 첫 유엔 결의가 이루어진 해이기도 하기 때문이다.

2009년 4월 22일 유엔 총회는 4월 22일을 '국제 어머니 지구의 날(International Mother Earth Day)'로 채택하기로 결의하였다(제63/278호). 원래 4월 22일은 유엔과는 상관없이 순수 민간 차원에서 '지구의 날(Earth Day)'[18]로 세계 각국이 기념해오던 날인데, 당시 볼리비아 대통령 에보 모랄레스 아이마(Evo Morales Ayma)가 그날을 국제 어머니 지구의 날로 기념하자고 한 제안을 받아들여 유엔 공식 기념일로 지정한 것이다. 그냥 '지구' 대신 '어머니 지구'라는 용어로써 지구와 그 생태계가 우리 공동의 고향이라는 사실을 인정하고, 현재 세대와 미래 세대의 경제적, 사회적, 환경적 필요 사이에 균형을 맞추기 위해서는 자연과의 조화를 증진시켜야 할 필요가 있다는 확신을 표현했다. 지구

18 1969년 미국 캘리포니아주에서 발생한 해상 기름 유출 사고를 계기로 1970년 4월 22일 미국 상원의원 게이로드 넬슨이 주창하고, 당시 하버드대생이던 데니스 헤이즈가 발벗고 나서 첫 행사를 열었다. 그 후 세계 각국으로 확산되어 우리나라를 포함하여 세계 190여 개 나라에서 매년 4월 22일 기념행사가 열린다.

자원의 한계 안에서 성장하는 인구의 기본적 필요를 만족시키기 위해서는 생산, 소비, 그리고 전체로서의 경제 모델을 좀 더 지속가능하게 개편할 필요가 있었다. 이렇게 새로운 세계로 거듭나는 것은 지구와 인류 존재의 새로운 관계를 필요로 한다는 뜻이며, 그 새로운 관계는 자연과의 비인류중심적(non-anthropocentric) 관계에 기초한다. 이런 의미에서 '국제 어머니 지구의 날' 선포는 유엔과 지구법학의 만남에 있어서 매우 중요한 역할을 한다.

같은 해 12월 21일 유엔 총회는 '하모니 위드 네이처(Harmony with Nature)'[19] 프로그램에 대한 유엔 첫 결의를 채택하면서 유엔 사무총장으로 하여금 그다음 해에 보고서를 내도록 했다(결의 제64/196호).[20] '하모니 위드 네이처', 즉 '자연과의 조화'라는 용어 자체는 1992년 리우 선언에서 지속가능한 발전이라는 거버넌스 원리를 세우면서 언급된 바 있다. 여기에서 '하모니 위드 네이처(HwN)'는 리우 선언 이후 지속적으로 전개해온, 자연과의 조화를 이루는 인류를 지향하는 유엔의 프로그램 또는 지식 플랫폼을 말한다.

2010년 8월 19일 유엔 사무총장의 '하모니 위드 네이처' 첫 보고서가 제출되었다(A/64/314). 이 보고서에서는 자연과의 조화를 이루는 인류 삶의 경험을 사례로 제시하고 자연과의 조화를 통한 지속가능한 발전을 위한 제안을 하였다.

그해 12월 유엔 총회에서는 '하모니 위드 네이처'와 관련하여 사

19 우리말로 '자연과의 조화'라고 번역할 수도 있지만 유엔 프로그램 및 지식 플랫폼으로서의 고유명사임을 표시하기 위하여 '하모니 위드 네이처'로 표기하기로 한다.

20 '하모니 위드 네이처'에 관한 유엔 결의와 유엔 보고서는 '하모니 위드 네이처' 웹사이트의 'UNDoc' 부분에 모두 링크되어 있다.

무총장이 매년 보고서를 제출하고, 2011년부터 매년 국제 어머니 지구의 날을 기념하여 'HwN 쌍방향 대화(Interactive Dialogue of the General Assembly on Harmony with Nature)'를 하기로 하였으며, '하모니 위드 네이처' 웹사이트(www.harmonywithnatureun.org)를 오픈하였다.

유엔은 '하모니 위드 네이처'를 통해 공감과 연대, 지식을 축적해나갔다. 첫 번째 해 대화(2011년)는 지속가능한 발전에 대한 종합적 접근(a holistic approach to sustainable development)을 홍보하는 방법을 강구하는 한편, 자연과 조화를 이루는 지속가능한 발전을 측정하기 위한 국가적 경험과 기준을 공유하는 자리였다. 두 번째 대화(2012년)는 지구계(Earth System)의 기능에 인간 활동이 미치는 영향에 대한 과학적 발견을 주제로 하였다.

두 번째 쌍방향 대화가 열리고 두 달 후인 2012년 6월 브라질 리우에서는 유엔 지속가능발전 정상회담(United Nations Conference on Sustainable Development)이 열렸다. 2012년 리우 회의는 1992년 유엔환경개발회의(United Nations Conference on Environment and Development)가 개최된 브라질 리우에서 20년 만에 다시 열리면서 '리우+20'이라는 이름으로도 불린다. 20년 동안 세계경제는 비약적 발전을 이루었고, 기대수명은 늘어났으며, 빈곤은 감소했지만, 인간 활동의 기반이 되는 천연자원은 빠른 속도로 고갈되고 있었고, 지속 불가능한 소비 및 생산 패턴이 가속화됨에 따라 더욱 심각한 자연 파괴가 초래된 것이 현실이었다. 이 회의에서는 '우리가 원하는 미래(The Future we want)'[21] 결의를 하고, 지속가능 목표(Sustainable Development Goals)를 제시했다. 여기에

21 (A/RES/66/288)

서 지속가능한 개발 맥락에서 자연의 권리를 인식할 필요성이 있다는 내용(제39조)이 다음과 같이 유엔 공식 결의에 처음으로 제시되었다.

> 우리는, 지구 행성과 그 생태계가 우리의 고향이고, '어머니 지구'는 많은 나라와 지역에서 보편적인 표현임을 인식하며, 몇몇 나라가 지속가능한 발전의 확대 맥락에서 '자연의 권리'를 인정하는 것을 주목한다. 우리는 현재의 경제적, 사회적, 그리고 환경적 필요와 미래 세대 사이의 적절한 균형을 맞추기 위해서는 자연과의 조화를 증진할 필요가 있다고 확신한다.[22]

위 제39조는 유엔 공식 문서에서 '어머니 지구', '자연의 권리', '자연과의 조화'라는 용어를 처음 사용함으로써 유엔에서 지구법학을 공식적으로 논의하게 되는 연결고리가 된다.

한편 '하모니 위드 네이처'의 쌍방향 대화는 계속 이어졌다. 세 번째 대화(2013년)는 지구와 인류의 관계에서 보다 도덕적인 기초를 이루는 다양한 경제적 접근법이 주제였고, 네 번째(2014년)는 새로운 비인류중심적 패러다임의 핵심 특성, 나아가 사회가 그 패러다임에 맞추어 기능하기 위하여 필요한 전략을 토론하였다. 다섯 번째(2015년)는

22 필자의 번역. 원문은 다음과 같다.
We recognize that planet Earth and its ecosystems are our home and that 'Mother Earth' is a common expression in a number of countries and regions, and we note that some countries recognize the rights of nature in the context of the promotion of sustainable development. We are convinced that in order to achieve a just balance among the economic, social and environmental needs of present and future generations, it is necessary to promote harmony with nature.

그해 9월에 예정되어 있던 정상회담에서 채택될 포스트 2015 개발 아젠다와 관련하여 기후변화를 포함한 지속가능 목표 달성 방안을 토론했다.

유엔은 2012년 지구정상회담의 후속 작업으로 2015년 9월 지속가능발전 목표를 위한 2030 아젠다(2030 Agenda for Sustainable Development)를 채택했다. 2030 아젠다는 향후 15년간의 지속가능 목표를 정한 것이다. 유엔의 지속가능발전 목표(SDGs: Sustainable Development Global Goals)는 회원국에게 법적 구속력은 없었지만, 목표 달성을 위한 이행 점검을 하도록 했다. 분야별(빈곤, 건강, 교육 등)로 17개의 목표가 있고, 그 목표 아래 총 169개의 세부 목표가 있다. 12번째 목표가 '지속가능한 소비와 생산 양식의 확보(Ensure sustainable consumption and production patterns)'이고, 그 아래 세부 목표 8번으로 '2030년까지 사람들이 지속가능한 발전과 자연과의 조화를 이룬 생활양식을 위하여 모든 사람이 어디서나 적절한 정보와 인식을 할 수 있도록 하여야 한다'고 규정하였다. 이처럼 리우 선언에서 처음 등장한 '자연과의 조화'는 지속가능발전 목표의 구체적 내용으로 확고히 자리를 잡게 되었다.

그리고 마침내 2015년 12월 12일 유엔 총회에서 '지구법학'이라는 용어가 유엔 공식 문서에 처음으로 등장하게 된다. 2016년 국제 어머니 지구의 날에 '지구법학'을 주제로 '하모니 위드 네이처' 대화를 하기로 한 결의에서다. 지금까지 다섯 번째 쌍방향 대화를 하면서 그 대화에 적극적으로 참가한 전문가들이 HwN 쌍방향 대화에 지구법학의 접근법이 필요하다는 것에 공감하면서 2016년에는 가상 및 쌍방향 주제를 지구법학으로 하기로 한 것이다.

이 결의에 따라 2016년 4월 22일 지구의 날부터 6월 22일까지 두 달간 웹사이트에서 지구법학을 주제로 가상 및 쌍방향 대화가 이루어졌다. 핵심 주제는 다음 세 가지였다.

1. 자연과 조화를 이루며 지속가능한 개발을 추구하기 위하여 시민들과 사회가 자연 세계와 어떻게 상호작용해야 하는지 영감을 주는 지구법학 원리를 적용하는 중요성
2. 자연의 내재적 가치를 인식하고, 우리의 인식, 태도를 인류중심적에서 비인류중심적 즉 지구중심적으로 전환할 필요
3. 지구와 지구의 자연 순환에 대한 존경을 포함하여, 법, 윤리학, 제도, 정책과 실천에서 지구법학에 대한 지지

두 달간 열린 가상 대화에는 33개국 120명의 전문가들이 참여해 8개 분야(1. 지구중심적 법, 2. 생태적 경제학, 3. 교육, 4. 총체 과학(holistic science), 5. 인문학, 6. 철학과 윤리학, 7. 예술, 미디어, 디자인과 건축 8. 신학과 영성)에 대해 주제별로 의견을 냈고,[23] 유엔은 이 대화를 바탕으로 다음과 같은 목차로 지구법학 사무총장 보고서(A/72/266, Harmony with Nature Note by the Secretary-General, 일명 전문가 보고서)를 발간했다.(다만 보고서의 견해는 보고서 작성에 기여한 전문가들의 견해일 뿐 유엔의 의견 표명은 아니라고 밝혔다.)

표 4 목차에서도 보듯 지구법학이 단순히 법이나 제도 분야에 머무르지 않고 매우 다양한, 거의 모든 분야를 아우를 수 있는 법철학임을 알 수 있다. 그중에서 본론격인 지구법학의 도입부 부분과 지구-중심적 법 부분을 일부 발췌하여 인용한다.(인용한 부분은 전체 보고서 중

23 우리나라에서는 포럼 지구와사람에서 최은순, 박태현, 김영준이 '지구-중심적 법' 분야에 전문가로 참가했다.

표 4. 지구법학 사무총장 보고서 목차

I. 서론 II. 지구법학 : 거버넌스의 총체적 시스템 A. 지구법학의 철학적 및 윤리적 원리들 B. 지구법학 관점에서의 거버넌스 III. 지구법학 적용의 도전과 기회 A. 지구-중심적 법 B. 생태적 경제학 C. 교육 D. 총체적 과학 E. 인문학 F. 철학과 윤리학 G. 미술, 미디어, 디자인과 건축	IV. 결론 V. 권고 A. 지구-중심적 법 B. 생태적 경제학 C. 교육 D. 총체적 과학 E. 인문학 F. 철학과 윤리학 G. 신학과 영성 H. 미술, 미디어, 디자인과 건축

극히 일부이다.)[24]

II. 지구법학 : 거버넌스의 총체적 시스템

12. 자연과학 및 사회과학 분야에서 일하며 가상 대화에 참가한 HwN 지식 네트워크 성원들로 구성된 전문가들은 자연에 대한 존중과 인간과 지구 사이의 상호의존성에 뿌리를 둔 총체적 시각이 필요하다는 것을 인식한다. 그들은, 인류가 지구의 생명 공동체에서 분리될 수 없는 부분이며, 지구 시스템의 항상적인(homeostatic) 균형을 유지하는 법들을 계속해서 무시할 수 없다는 것을 믿는다.

13. 그들은, 일부를 위한 경제적 성장은 자연계와 다른 많은 사람들의 희생으로 이루어졌음을 강조한다. 지속가능하지 못한 소비와 생산 패턴이 짝을 이룬 현재의 경제 시스템은 전체 지구계의 기능과 역동성을 인류 역사상 전례가 없을 정도로 가차 없이 바꾸어놓았다.

24 필자의 번역.

14. 현재의 인류중심적 세계관에서 지구는 이용의 대상으로 보인다. 이것은 우리 생활의 원천인 지구의 건강에 중대한 영향을 주었다. 빈곤, 기근, 불평등이 커지는 비율은 현재의 생태적 위기와 복잡하게 서로 얽혀 있다.
15. 인류 활동과 지구 사이에 균형 있는 건강한 관계를 만들기 위해서는 현재의 인류중심적 세계관을 거버넌스의 총체적 시스템으로 대체할 긴급한 필요가 있다. 그 시스템에서 인류는 자연계와 상호작용하고 자연계를 인식하는 방법에서 지금까지와는 매우 다른 역할을 할 것이다. 이 새로운 역할에서 인류는 인류의 복지가 지구의 복지로부터 온다는 사실을 받아들이고, 자연과 조화롭게 사는 것이 인류와 인간의 권리를 유지하는데 필요한 수단인 것을 알게 될 것이다.

III. 지구법학 적용의 도전과 기회

A. 지구-중심적 법

36. 우리의 거버넌스 시스템에서 자연의 권리를 포함시키는 첫 번째 단계는, 자원을 고갈시키는 자본의 이익을 진전시키는 것이 아니라, 생태계와 종들이 존재하고 번성하고 재생산할 수 있는 근본적인 법적 권리를 인식하는 것이다. 자연은 기본적인 '지구권(Earth rights)'의 원천으로 여겨지고 이러한 권리는 인간법학에 의해 제한되거나 폐지될 수 없다. 우리를 유지시키는 생태계가 존재할 수 있는 법적 권리를 가지지 않는다면 생명에 대한 인간의 권리는 의미가 없다.
41. 현재는, 대부분의 국가의 법에서, 인간이 아닌 모든 존재는 소유의 대상으로 여겨진다. 그 개념을 끝내야 할 필요는 없지만, 소유권이 있다고 해서 어떤 생태계를 파괴할 수 있는 권리도 있다고 하는 태도는 바뀌어야 한다.
42. 이것은 현재의 환경법과는 거리가 멀다. 그런데 멸종위기에 처한 종의 목록을 포함하는 이러한 법은 현재의 멸종 속도를 따라가지 못한다. 사후적 소송은 개인의 손실에 대한 증명을 할 뿐이지 생태계를 원래대로 회복시킬 의무도 부여하지 않는다. 피해를 입은 환경의 이익을 위해 소송을 할 수도 없다. 이러한 법들은 생태계를 부분으로 분리한다.
43. 현재 규제되고 있는 것은 얼마나 많은 파괴가 일어나고 있는지를 보여줄

뿐이다. 그와 대조적으로, 지구법학 모델은 이렇게 묻는다. “건강한 시스템은 어떤 모습일까?” 이 질문을 함에 있어서, 우리는 원주민들의 전통적인 생태계를 인식해야 한다. 신뢰할 수 있는 데이터는 없지만, 일부 연구자에 따르면 원주민들과 산림민들이 세계 산림의 8분의 1에 대한 권리를 가지고 있고, 그 생물다양성의 80%를 보호하고 있다. 그들은 수세기에 걸쳐 생태계와 조화롭게 생활하는 전통 지식을 보유하고 있고, 항상 생태계를 보호해왔다. 따라서 그들은 지역 생태계를 돌보는 데도 지도자로 간주될 필요가 있다.

44. 예를 들어, 뉴질랜드는 황거누이강(Whanganui River)과 테 우레웨라(Te Urewera)(현재 ‘소유자’가 없음)의 영적이고 총체적인 ‘인격’을 인정함으로써 지구 중심의 법과 정책을 제정하는 데 큰 걸음을 내딛었다. 마오리 사람들은 강과 숲이 그들의 조상이라고 생각하고, 가족으로서 그것들을 돌볼 책임과 특권을 가지고 있다.

V. 권고

A. 지구-중심적 법

- 자연의 권리를 성공적으로 이식한 세계 사례를 수집하고 널리 알린다.
- 자연의 권리에 대한 새롭고도 통합적인 법적 시각과 정책 틀을 개발하고, 정의를 위한 다른 투쟁에 그것을 연결한다. 예컨대 자연의 권리를 인식하는 것(그리고 이러한 권리에 해를 주는 거버넌스 시스템을 반대하는 것)이 어떻게 인종정의, 기후정의, 그리고 환경정의에 긍정적으로 영향을 미치고, 커져가는 부의 불균형을 바로잡는 데 기여하는지를 설명한다.
- 인류 공동체가 자연과 조화롭게 살 수 있도록 해주는, 국제, 국내 그리고 지방 거버넌스 시스템 틀로서 지구법학의 가능성을 탐구하는 것의 중요성을 인식하는 유엔 결의를 채택한다.

그 이후에도 지금까지 쌍방향 대화는 이어지고 있다. 2017년 국제 어머니 지구의 날에서는 ‘지구법학과 지속가능한 아젠다’라는 주제로 7번째 쌍방향 대화가 열렸고, 2018년에는 지속가능한 발전 맥락에서 인류와 지구 사이의 윤리적 기초를 어떻게 향상시킬 수 있는지, 그리고 자연과의 조화 안에서의 지속가능한 생산과 소비 양식에 대하여 토론하였다. 2019년 9번째 대화에서는 교육과 기후변화 분야에서 어머니 지구 접근을 주제로 대화를 하였다. 2020년에는 코로나19 사태로 쌍방향 대화가 열리지 못했다.

세계지구권선언을 향하여

유엔 결의에서 지구법학이라는 용어가 등장하고 지구법학에 관한 전문가 보고서가 출간되는 등 진전이 있었지만 유엔으로 하여금 구속력 있는 법원(法源)으로 지구법학의 가치를 채택하도록 하는 일은 아직도 여전히 먼 길이다. 국제시민사회에서는 유엔이 1948년 세계인권선언(Universal Declaration of Human Rights)을 채택하여 20세기 인권의 세기를 이룬 것처럼 지구환경의 위기에서 '세계지구권선언(Universal Declaration of Mother Earth Rights)'[25]을 하여 법적 구속력을 부여해야 한다는 운동을 하고 있다.

세계지구권선언의 출발은 이렇다. 2009년 덴마크 코펜하겐에서 열린 유엔 기후변화 총회에서 유엔 HwN 그룹을 비롯한 일련의 사람들은 볼리비아 정부의 주도로 2010년 국제 어머니 지구의 날에 볼리비아에서 기후변화 및 어머니 지구의 권리에 관한 콘퍼런스(World

25 그대로 직역하면 '어머니 지구(Mother Earth)'라는 말이 들어가야 하나, 이 권리 선언을 주장하는 측에서는 세계인권선언에 연관해 이름을 지었으므로, 그 의미를 살리기 위해 '어머니 지구' 대신 '지구'라는 말로만 쓴다.

People's Conference on Climate Change and the Rights of Mother Earth)를 열기로 하였다. 그리고 이날 볼리비아 대통령 에보 모랄레스 아이마의 제안으로 이 선언을 하게 된다. 에보 모랄레스 아이마는 앞서 언급하였듯 4월 22일을 유엔에서 '국제 어머니 지구의 날'로 기념하도록 제안해 이를 관철시킨 인물이다.

세계지구권선언이 세계인권선언에 준하는 수준으로 법적 구속력이 있어야 한다는 주장의 근거는 무엇일까. 세계지구권선언을 유엔이 공식 채택하도록 촉구한 미주 대륙을 위한 볼리바르 동맹(ALBA: Bolivarian Alliance for the People of Our America)의 9개국 선언(2009. 10. 17.)에서는 다음과 같이 이를 천명했다.[26]

> 1. 21세기에 우리가 행성 지구와 자연의 권리를 인정하고 또 보호하지 않는다면 인권의 완전한 보호 역시 달성할 수 없다. 오직 어머니 지구권을 보장함으로써 우리는 인권 보호를 보장할 수 있다. 행성 지구는 인간 생명 없이 존재할 수 있지만 인간은 행성 지구 없이 존재할 수 없다.
> 2. 제2차 세계대전이 야기한 심각한 인간성의 위기가 1948년 세계인권선언의 채택으로 이어진 것처럼, 오늘날 기후변화의 영향으로 우리가 겪는 커다란 고통은 세계지구권선언을 필수적으로 채택하도록 한다.

세계인권선언은 전문(preamble)과 총 30개 조문으로 되어 있다. 세계지구권선언은 전문, 제1조 어머니 지구, 제2조 어머니 지구의 내재적 권리, 제3조 어머니 지구에 대한 인간 존재의 의무, 용어의 정의 순서로 되어 있고, 제1조부터 제3조까지에 세부 조항이 들어 있다.[27]

26 『야생의 법』, 322쪽.

27 한국 번역본은 『야생의 법』 부록에 수록되어 있다. 거기에서는 '어머니 지구

두 선언을 비교해보면 표 5와 같다.

표 5. 세계인권선언과 세계지구권선언 비교

	세계인권선언[28]	세계지구권선언[29]
전문	우리가 인류·가족·모든 구성원의 타고난 존엄성과, 그들의 평등하고 빼앗길 수 없는 권리를 인정할 때, 자유롭고 정의롭고 평화적인 세상의 토대가 마련될 것이다. 인권을 무시하고 짓밟은 탓에 인류의 양심을 분노하게 한 야만적인 일들이 발생하였다. 따라서 보통 사람들이 바라는 간절한 소망이 있다면 그것은 바로 모든 사람이 말할 자유, 신앙의 자유, 공포로부터의 자유, 그리고 결핍으로부터의 자유를 누릴 수 있는 세상의 등장이라고 우리 모두가 한목소리로 외치게 되었다. 인간이 폭정과 탄압에 맞서 최후의 수단으로써 폭력적 저항에 의존해야 할 지경에까지 몰리지 않으려면 법의 지배를 통해 인권을 보호해야만 한다.	지구의 모든 사람과 나라인 우리는 공동의 운명을 지닌 채 서로 관련되고 의존적인 존재들의 불가분적이고 살아 있는 공동체인 어머니 지구의 한 부분임을 숙고하고, 어머니 지구가 생명과 영향 그리고 배움의 원천으로 잘 사는 데 필요한 모든 것을 제공하고 있음을 감사하게 인정하고, 자본주의 체제와 모든 형태의 약탈과 착취, 남용 그리고 오염이 어머니 지구를 심대하게 파괴, 훼손하고 교란하며, 오늘날 우리가 알고 있는 그러한 생명들을 기후변화와 같은 현상을 통해 위험에 빠뜨리고 있음을 인정하고, 상호의존적인 살아 있는 공동체 내에서 어머니 지구와 불균형을 낳지 않고도 인간 존재만의 권리를 인정하는 것이 가능하지 않음을 확신하고,

권에 관한 세계 선언'으로 번역하였는데, 여기에서는 '세계지구권선언'으로 번역하였다.

28 https://amnesty.or.kr/resource/%EC%84%B8%EA%B3%84%EC%9D%B8%EA%B6%8C%EC%84%A0%EC%96%B8 참조.(성공회대 조효제 교수 번역)

29 『야생의 법』, 350~353쪽.

	세계인권선언	세계지구권선언
전문	오늘날 각 나라 사이에서 친선관계의 발전을 도모하는 일이 반드시 필요하게 되었다. 유엔의 모든 인민은 유엔헌장을 통해 기본적 인권에 대한 신념, 인간의 존엄성 및 가치에 대한 신념, 남성과 여성의 평등한 권리에 대한 신념을 재확인했으며, 더욱 폭넓은 자유 속에서 사회 진보 및 더 나은 생활수준을 촉진시키자고 다짐한 바 있다. 유엔 회원국들은 유엔과 협력하여 인권과 기본적 자유를 함께 존중하고 준수하며, 그것을 증진하자고 약속하였다. 그런데 이러한 서약을 온전히 실현하려면 인권이 무엇인지 또 자유가 무엇인지에 관해 모든 사람이 공통적으로 이해하는 것이 무엇보다 긴요하다. 따라서 이제, 유엔 총회는, 사회의 모든 개인과 모든 조직이 이 선언을 언제나 마음속 깊이 간직하면서, 가르침과 배움을 통해 이러한 권리와 자유가 존중되도록 애써 노력하며, 국내에서든 국제적으로든, 전향적이고 지속적인 조치를 통해 이러한 권리와 자유가 보편적이고 효과적으로 인정되고 지켜지도록 애써 노력하기 위하여, 모든 인민과 모든 국가가 다 함께 달성해야 할 하나의 공통 기준으로서 유엔 회원국 인민들과 회원국의 법적 관할하에 있는 영토의 인민들에게 세계인권선언을 선포하는 바이다.	기후변화와 어머니 지구에 가하는 그 밖의 다른 위협을 낳는 구조와 체제를 변환하려는 대담한 집단적 조치를 긴급하게 취할 필요성을 인식하고, 세계지구권선언을 선포하고, 세계 모든 사람과 나라에 공통된 성취 기준으로 이 선언을 채택할 것을 유엔 총회에 촉구하고, 이를 위해 모든 개인과 제도는 가르침과 교육 그리고 인식 증진을 통해 이 선언에서 인정된 권리의 존중을 촉진할 책임을 진다. 그리고 신속하고 점진적인 국내외적 조치와 메커니즘을 통해 세계 모든 사람과 나라 들 사이에서 어머니 지구권의 보편적 인정과 효과적 준수를 보장한다. 인권을 보장하려면 어머니 지구와 그 안에 깃든 모든 존재의 권리를 인정, 옹호하는 것이 필요하고, 그러한 문화와 관행 그리고 법이 현존하고 있음을 확인하고,

	세계인권선언	세계지구권선언
주요 조항	제1조 모든 사람은 자유로운 존재로 태어났고, 똑같은 존엄과 권리를 가진다. 사람은 이성과 양심을 타고났으므로 서로를 형제애의 정신으로 대해야 한다. 제3조 모든 사람은 생명을 가질 권리, 자유를 누릴 권리, 그리고 자기 몸의 안전을 지킬 권리가 있다. 제4조 어느 누구도 노예가 되거나 타인에게 예속된 상태에 놓여서는 안 된다. 노예제도와 노예매매는 어떤 형태로든 일절 금지된다. 제5조 어느 누구도 고문, 또는 잔인하고 비인도적이거나 모욕적인 처우 또는 처벌을 받아서는 안 된다. 제6조 모든 사람은 그 어디에서건 법 앞에서 다른 사람과 똑같이 한 인간으로 인정받을 권리가 있다. 제7조 모든 사람은 법 앞에서 평등하며, 어떤 차별도 없이 똑같이 법의 보호를 받을 자격이 있다. 모든 사람은 이 선언에 위배되는 그 어떤 차별에 대해서도, 그리고 그러한 차별에 대한 그 어떤 선동 행위에 대해서도 똑같은 보호를 받을 자격이 있다.	제1조 어머니 지구 어머니 지구는 살아 있는 존재다. 6. 인간 존재가 인권을 가지는 것처럼 다른 모든 존재 또한 자신이 존재하는 공동체 내에서 그 종 내지 유(類)에 특정된 역할과 기능에 적합한 권리를 갖는다. 7. 각 존재의 권리는 다른 존재의 권리에 의해 제한되고, 그 권리 간의 갈등은 어머니 지구의 통합성과 균형 그리고 건강을 유지하는 방식으로 해소돼야 한다. 제2조 어머니 지구의 내재적 권리 어머니 지구와 어머니 지구를 구성하는 모든 존재는 다음 각호에 규정된 내재적 권리를 가진다. 제3조 어머니 지구에 대한 인간 존재의 의무 모든 인간 존재는 어머니 지구를 존중하고 어머니 지구와 조화롭게 살아야 할 책임을 가진다.

세계지구권선언을 지지하는 세계 각국의 사람들이 '어머니 지구의 권리(RoME: The Rights of Mother Earth)'라는 단체를 결성하였다. 이들은 2012년 리우 지구정상회의에서부터 유엔이 세계지구권선언을 공식 채택해야 한다는 서명 운동을 전개해오고 있다.[30]

세계지구권선언을 지지하는 또 다른 단체 '자연의 권리를 위한 국제연맹(Global alliance for the Rights of Nature)'은 세계지구권선언을 법원(法源)으로 한 모의재판인 '국제 자연의 권리 재판소(International Rights of Nature Tribunal)'를 매년 열고 있다. 국제적으로 인권이 침해된 경우에 국제사법재판소에 제소할 수 있듯이 자연의 권리가 침해된 경우에 국제사회가 심판할 수 있어야 한다는 시각에서 출발했다. 2014년 1월에 에콰도르에서 첫 재판이 열린 데 이어, 2014년 12월에는 페루에서, 2015년 12월에는 22차 기후변화협약이 열린 프랑스 파리에서, 그리고 2017년 11월에는 23차 기후변화협약이 열린 독일 본에서 이 재판소가 열리는 등 지금까지 네 차례 열렸다. 각 재판 때마다 자연의 권리 침해 사례, 기후변화로 인한 침해 사례가 제기되고, 미리 선정한 복수의 재판관들이 권리구제를 결정하는 식으로 진행되었다. 그 사례에 대해서는 다음 장에서 다룬다.

30 www.rightsofmotherearth.com 참조.

나가며

지금까지 유엔에서 지구법학을 다루게 된 경위와 지금까지의 활동을 간략하게나마 소개하였다. 지구법학이 유엔과 접점을 찾는 과정은 시민사회가 앞서서 아젠다를 설정하고 유엔 외곽에서 충분한 논의와 실천을 거친 다음 국제사회의 거버넌스 기구인 유엔에서 논의가 되는 식이다. 지구의 위기, 그리고 지속가능한 발전이라는 명제 아래 유엔이 '지구 거버넌스'를 추구하는 과정에서 지구법학과의 만남은 필연적일 수밖에 없다.

우리가 '거버넌스'라는 말을 굳이 번역하지 않고 그대로 쓰는 것은 이 말을 정확히 번역하기 어려운 데서 연유할 것이다. 국가·정부의 통치기구 등의 조직체를 가리키는 'government'와 구별되는 'governance'는 지역사회에서부터 국제사회에 이르기까지 여러 공공조직에 의한 행정 서비스 공급체계의 복합적 기능에 중점을 두는 포괄적인 개념이며, 통치·지배라기보다는 협치(協治)에 가깝다고 할 수 있다. 유엔은 여느 국가처럼 중앙통제적 조직을 가질 수 없다. 회원국들의 협력, 시민사회의 도움이 아니고서는 그 조직의 목적을 이룰 수 없기에 거버넌스가 무엇보다 중요하다. 그동안 인간중심적 거버넌스 체계(이는 윤리, 법, 제도 정책 및 실천 관행을 포함한다)로는 인류가 당면한 환경 위기를 해결할 수 없음을 인식하게 되었고 유엔이 지향하는 지속가능한 세계를 이루기 위해서는 '지구 거버넌스'가 필수적임을 공감하게 된 것이다.

이런 관점에서 보면 유엔에서 지구법학 활동이 원주민들과 깊은 관계를 이루는 것도 쉽게 이해가 된다. 원주민들은 자연을 깊이 이해하고 자연의 권리를 가슴 깊이 옹호하는 이들이다. 이들이 지구 거버넌스에서 중심적인 역할을 하는 게 당연하고 자연스럽다. 지구법학의 이념을 담은 헌법이나 법률이 원주민 및 자연의 보호가 필수적인 곳에서 그 선례를 만들어가는 것도 같은 맥락으로 보인다.

지구법학이 유엔에서 확고한 자리를 점하기 위해서는 어머니 지구의 권리 선언과 같이 자연의 권리를 공식적으로 선언하는 것이 필요할 것이다. 유엔 외곽에서 벌이고 있는 관련 청원과 국제 자연의 권리 재판소 등의 활동이 그 바로미터가 될 것이니, 국내에서도 이들 활동에 대한 관심이 높아지길 기대한다.

참고문헌

크리스토퍼 스톤(Christopher D. Stone), 허범 옮김(2003). 『법정에 선 나무들』. 아르케.

코막 컬리넌(Cormac Cullinan), 박태현 옮김(2016). 『야생의 법』. 로도스.

Bell, Mike(2003). "Thomas Berry and an Earth Jurisprudence: An Exploratory Essay." *The Trumpeter*, 19(1).

Stone, Christopher(1972). "Should Trees Have Standing? Towards Legal Rights for Natural Objects." *Southern California Law Review*, 45.

참고 사이트

http://www.earthcharter.org
http://www.earthjurist.org
http://www.earthlaws.org.au
http://www.gaiafoundation.org
http://www.harmonywithnatureun.org
http://www.rightsofmotherearth.com
http://www.ukela.org

제5장

국제시민법정에 선 자연의 권리

김연화, 조상미

◇◇◇◇

들어가며

유엔의 하모니 위드 네이처(HwN)에서도 적극적으로 활동하는 변호사, 학자, 활동가 들이 모여 '자연의 권리를 위한 국제연맹(Global Alliance for Rights of Nature)'이라는 단체를 결성해 2014년부터 매해 '국제 자연의 권리 재판소'를 열어 여러 사례를 다루고 있다. 이는 국제적으로 구속력 있는 재판소는 아니지만 모의법정 형식으로 사례를 다루고 세계지구권선언(Universal Declaration of Mother Earth Rights)[1]을 적용함으로써 국가 차원의 실패한 정책과 협상 들에 대한 대안을 제시하기 위해 창안되었다. 또한 지구법학에 바탕을 둔 자연의 권리와 에콰도르

1 자연의 권리
생명에 대한 권리, 존재할 권리
존중받을 권리
생명력을 재생산하고 생명의 순환 및 과정을 인간의 방해 없이 계속할 권리
자신의 정체성을 유지할 권리
물에 대한 권리
깨끗한 공기에 대한 권리
건강할 권리
오염으로부터 자유로울 권리
유전자가 조작되지 않을 권리
인간의 활동으로 침해된 위 권리에 대해 즉각적으로 완전하게 회복할 권리

헌법을 적용하여 중요한 환경 및 사회 정의 관련 사건들을 재구성하고 판결을 내림으로써 자연의 권리에 근거한 법적 분석의 플랫폼을 제공한다. 이하에서는 국제 자연의 권리 재판소에서 다룬 사례 중 대표적인 몇 개를 추려 정리하였다.[2]

주요 사례

호주 그레이트 배리어 리프 사례 (2014년 1월 재판)

① 사실관계

호주 그레이트 배리어 리프(이하 '대보초')는 세계에서 가장 큰 산호초[3]로 호주 국립공원 및 유네스코 세계자연유산으로 지정되어 있다. 그러나, 정부가 산호초 부근 해안에 석탄 적출항을 확장하고 다른 산업개발 허가를 내어줌으로써 산호초가 파괴되고 있다. 이러한 피해에 대한 책임자는 호주 연방정부와 퀸즐랜드 주정부이다.

1830년에 시작된 호주 석탄산업은 1990년대에 탄광 허가증이 발급되었으며 2013년까지 연간 석탄 생산량이 1990년대의 두 배인 1억 2,400만 톤으로 증가하였다. 현재 퀸즐랜드 연안을 따라 석탄 적출항이 4개가 있고, 새로운 석탄 적출항 건설과 기존 석탄 적출항 세 곳의 확장을 계획하고 있다. 이 계획이 실행된다면 이 항만들이 운반할 석탄량은 현재 2억 6,200만 톤에서 8억 4,200만 톤으로 증가할 것

2 이 장은 http://therightsofnature.org/rights-of-nature-tribunal에 게재된 국제 자연의 권리 재판소에서 다룬 사례를 번역·정리하였다.

3 2,300킬로미터에 이를 정도로 자라는데 인공위성에서도 보일 정도다.

이다. 혹자는 퀸즐랜드 항만들이 운반할 석탄량이 지구 평균기온을 지금보다 2℃ 상승점까지 끌어올리는 온실가스의 30%에 해당하는 양을 방출할 것이라고도 평가한다.

2012년부터 2013년에 걸쳐 유네스코와 여러 비정부기관이 보고서를 발간하며 호주 정부에 항만 개발 중단을 촉구했다. 호주 연방정부는 그러나 대보초는 계속 잘 관리될 것이라고 답했을 뿐 개발사업 중단에 대해서는 언급하지 않았다.

② 피해

석탄 적출항 건설 및 확장과 다른 개발의 지속은 자연과 사람, 지역 공동체에 피해를 줄 것이다. 2012년 주요 과학 기술 보고서에서는 산호초의 놀라우리만큼 빠른 감소에 대해 강조했고, 서식지와 동물, 그리고 연안 생태계 파괴 상황에 심각한 우려를 표했다. 산호초를 해치는 원인은 토양오염으로 인한 토사 및 오염물질 유출, 악마 불가사리, 산호 백화 및 해양 산성화, 연안 항만 확장 및 산업 개발, 간척과 해저 준설이다.

글래드스톤(Gladstone)은 석탄 적출항에서 기인한 오염에 영향을 받는 지역 공동체 가운데 하나다. 수질에 대한 우려가 있었고, 지금까지 발견된 영향은 통증을 동반한 두드러기, 병이 났거나 죽은 물고기와 돌고래 그리고 바다거북이다.

항만 건설 및 증축 등이 이행된다면 대보초 남단 많은 지역에 영향을 미칠 것이고, 산호초와 해양 생물이 많이 죽을 것이며, 생태계 교란을 초래할 뿐 아니라, 대보초를 '집'으로 삼아 사는 수천 가지 생명에 지속적으로 악영향을 미칠 것이다.

③ 책임 소재

석탄 채굴 회사, 합자회사, 퀸즐랜드 주정부와 호주 연방정부에 책임이 있다. 호주에서 석탄 채굴과 석탄 적출항 관련 허가는 1989년 광물자원법, 1994년 환경보호법, 1971년 주 개발 및 공적 과제 기관법에 따라 주정부가 한다. 그러므로 이 건에 대해서 퀸즐랜드 주정부에 일차적인 책임이 있지만, 연방정부가 최종적인 허가를 하고 연방법/세계유산법에 따라 개발을 막을 수도 있기 때문에 연방정부에도 책임이 있다.

④ 대보초의 권리

대보초의 입장은 다음과 같다. 대보초는 규모도 크지만 수백만 년에 걸쳐 살고 자라온 생명 네트워크이고 수많은 다른 생명의 집이다. 수백만 개의 산호충이 주위를 떠다니다가 산호에 안착하고 이끼, 해면동물, 불가사리, 연체동물, 바다뱀, 물고기 등이 공동체를 이루고 사는 곳이다. 산호초가 있는 섬들에는 게가 살고 거북이 알을 낳는다. 산호초 외에 이들에게 집은 없다. 산호초가 사라진다면 산호초를 '집'이라고 부르는 수천 종의 생명도 사라질 것이다.

⑤ 청구

민간 회사가 석탄 및 석탄 적출항 사업에 관여하고 있지만 퀸즐랜드 주정부와 호주 연방정부가 그들을 막을 수 있으므로, 법원에 이 두 정부에 개발을 중단하도록 명할 것을 청구하였다.

⑥ 재판소의 결정

판사: 코막 컬리넌 (『야생의 법(*Wild Law*)』 저자, 환경변호사)

원고는 대보초와 그에 공생하는 여러 개체의 존재할 권리가 침해받고 있다는 것에 충분한 사실적 근거를 제시하며 퀸즐랜드와 호주 연방정부 그리고 기업들에 책임이 있다고 주장하였다. 유네스코는 최근 멸종위기에 처한 생태계 목록에 대보초를 추가하기도 하였다.

본 건에서 자연의 권리가 침해되었는가? '세계지구권선언'은 인간과 인간이 설립한 공적·사적 기관들이 어머니 지구와 조화롭게 살고 선언에서 인정한 권리와 의무를 인정하고 따르도록 하였다. 본 건과 관계된 선언의 내용은 인간의 활동이 특정 종을 절멸시키거나 생태계를 파괴하면 안 된다는 것이다. 본 건에서 연방정부와 주정부에 대보초가 파괴되는 것을 방지할 의무가 있음은 명백하다. 제시된 증거들에 비춰볼 때, 산호초를 보호하지 못함으로써 어머니 지구에 해를 끼치게 될 것이다.

오염, 독극물, 방사능 쓰레기로부터 자유로울 권리, 건강할 권리, 안녕에 대한 권리 등이 침해되었다는 특정 증거들도 제시되었다. 대보초 생태계 파괴에 대한 증거도 청취하였다. 이는 인간의 방해로부터 자유롭게 자신의 생명 순환을 계속할 권리가 침해된 것이다. 이러한 권리 침해를 정당화하는 이유가 없으며, 침해의 원인인 석탄 수출은 기후변화를 가속화하는 직접 원인이 된다.

그러므로 세계지구권선언이 규정한 의무를 준수하지 못한 증거가 충분하고, 선언에서 규정한 특정 권리들이 침해되었다. 본 건은 또한 지구적 중요성을 갖는 현안을 제기하기도 한다. 예를 들면, 현재 온실가스가 기후변화를 일으키고 있다면 석탄 채굴과 같이 탄화수소를 증가시키는 것은 자동적으로 자연과 어머니 지구의 권리에 위배된다.

따라서 본 건은 상설 재판소(permanent tribunal)에 회부되어야 한다고 결정한다.

미라도르(Mirador) 노천 채굴 사건 (2014년 1월, 12월 재판)

① 사실관계

2012년 에콰도르 정부의 비재생 자연자원부가 키토(Quito)시에서 캐나다 대기업의 지사인 에콰코리엔테(Ecuacorriente) SA 회사(이하 ECSA)와 채굴 계약을 체결했다. 생물다양성이 높은 생태계 중 하나인 코르딜레라 델 콘도르(Cordillera del Condor)에서 노천 채굴 기술을 이용하여 구리 탐사 및 채굴을 한다는 내용이다. 채굴 사업은 '미라도르'로 알려져 있다.

미라도르는 넓이가 2,895헥타르에 이르는 '미라도르 1' 지역과 넓이 2,815헥타르에 이르는 다른 지역, 추가적으로 '보호지역'으로 불리는 510에이커에 걸친 지역을 포함한다. 이 계약으로 미라도르 채굴 프로젝트는 1.25킬로미터 깊이로 굴착할 권한을 부여받았다. ECSA는 총 11개의 광산 채굴권을 가지고 있는데, 이 중 '미라도르 1'과 '뷰 포인트 2'로 이루어진 광산 채굴권을 '미라도르 1(포괄적)'로 칭한다.

이 지역은 페루와 에콰도르 접경 산맥 지역으로 높은 생물다양성을 보유한 열대우림 생태계이다. 4천 종이 넘는 유관식물 꽃이 있고, 양서류를 포함한 수많은 토착동물과 멸종위기동물 들이 있다.

채굴 프로젝트 가까이에 있는 강의 물은 농업을 위한 관개수, 사람과 동식물을 위한 식수로 쓰인다. 이 물은 또한 아마존으로 이어지는 강줄기를 형성한다. 2005년에는 해당 지역을 생태계 보존과 국가안보를 위해 보호구역으로 지정했으며 상기 목적에 위배되는 활동을 금지했다.

2012년 2월 에콰도르 정부는 환경영향평가에 대한 승인에 따라 채굴 허가를 해주었고, 한 달 후 채굴 계약을 체결했다. 환경 허가를 발급한 것에 반대하여 자연의 권리와 삶에 대한 권리를 보호하려는 조치들이 생겨났다.

② 손해 책정

계약 체결 전 자연이 입게 될 피해에 대한 환경영향을 충분히 조사하지 않았고, 이러한 사업에서 양서류와 파충류가 멸종하는 경향이 있음을 고려하지 않았다. 이런 제반 문제에 대한 적절한 관리 프로그램과 야생동물 구출 계획을 수립하지 않았으며 이 지역 자생식물에 대한 프로그램도 고려하지 않았다. 그 외에도 도로와 항만 건설 등에 대한 환경적 영향을 고려하지 않았다.

사람과 지역 공동체 또한 피해를 입었다. 많은 지역 공동체가 직간접적으로 피해를 입었으며 미라도르 채굴 사업은 이 공동체에 사회경제적 또는 정치적 영향을 미쳤다. 적어도 390가구가 직접적인 영향을, 170가구가 간접적인 영향을 받았다. 이 사업으로 인해 여러 사회적 집단 간에 갈등과 긴장이 생겼다.

③ 책임

사업 허가를 발급하고 운영 계약을 체결함으로써 자연을 보존하고 복구할 권리를 위태롭게 한 국가에 책임이 있고, 환경피해를 초래하고 경감 노력을 하지 않은 ECSA도 책임이 있으며, 이에 대한 주장을 받아들이지 아니하고 해결책을 거부한 사법부에도 책임이 있다.

④ 복구와 완전한 복원

제거된 식물을 모두 복원하여야 하나, 구리 채굴을 하면서 자연 보존 노력을 전혀 기울이지 않았으므로 사업 중단을 요구하며, 현재까지 일어난 피해를 복구할 것을 요청한다. 이 사업으로 인하여 생활방식이 바뀌면서 영향을 받은 사람들에게 보상을 실시하고, 원주민과 정착민들의 공동체가 복원되도록 재생 노력을 기울인다. 적어도 환경영향평가를 다시 실시하여 자연 보존을 강구하고, 정부는 생물다양성을 위태롭게 하지 않고 수자원과 원주민들이 고래로 지켜온 영역을 보호하여 이러한 일이 재발하지 않도록 방법을 강구할 것을 요구한다.

⑤ 청구사항

채굴 사업이 자연환경뿐 아니라 주민의 사회적 구조를 해하고 있음을 선언해줄 것과 자연의 권리, 개인과 지역 공동체의 인권, 특히 식수에 대한 권리를 선언할 것을 요구한다. 인권에 대한 국제적인 조약·선언·원칙과 국가의 헌법에 명시된 권리를 인정할 것을 요청한다. 아울러 환경을 해치는 사업을 허가한 에콰도르 정부(비재생 자연자원부)에 책임이 있음을 선언할 것을 요구한다.

⑥ 재판소의 결정

재판소는 에콰도르 정부에 미라도르 채굴 사업으로 인해 생긴 피해를 완전 복구할 것을 명하였다. 1) 피해를 본 지역을 복원하고, 2) 자연 시스템과 수원(水源) 및 동식물을 보호하고, 3) 이 지역에서 채굴을 중단하며, 4) 피해를 본 사람들에게 보상하고, 5) 채굴로 인해 피해를 본 지역을 재건하는 절차를 밟고, 6) 환경보고서에도 불구하고 채굴을 허가해준 공무원을 조사해 처벌하며, 7) 에콰도르 모든 지역에 이러한 착취적 개발이 반복되지 않도록 할 것을 요구했다.

수압파쇄법[4] 사례 (hydraulic fracking case, 2016년 재판[5])

① 사실관계

수압파쇄법(이하 '프래킹')은 600여 가지 화학물질과 모래를 섞은 대량의 물을 땅속 2마일 정도까지 주입하여 압력으로 바위 틈이 벌어지게 함으로써 석유와 천연가스를 얻는 채굴법이다. 종류에 따라서는 산(acid)을 넣어 바위를 액체화하는 경우도 있다. 미국은 프래킹으로 천연가스를 하루에 30만 배럴 정도 생산하며, 운영 중인 프래킹 유전은 미국 전역에 80만여 개 정도 있다. 1940년에도 프래킹이 실시되기는 했으나, 핼리버튼 회사가 수평적 굴착 방식을 고안해낸 2003년이 되어서야 대규모로 실행되었다. "프래킹이 지하수에 아무런 위협이 되지 않는다"는 미국 연방환경청(EPA)의 보고서(2004년) 덕택에 프래킹은 식수안전법과 에너지정책법(2005년)의 규제에서 면제되었다. 그러나 프래킹 기술에 사용되는 화학물질이 지하수와 토양을 오염시킬 수 있다는 우려가 커지면서 미국은 2015년 3월 프래킹 기술에 대한 환경보호 기준을 높인 바 있다.

4 물, 화학제품, 모래 등을 혼합한 물질을 고압으로 분사해서 바위를 파쇄해 석유와 가스를 분리해내는 공법. 셰일가스나 석유를 채굴하기 위해서는 지표면으로부터 3,000미터 정도를 수직으로 파고 내려간 파이프를 셰일층에 꼽고 여기에서 90도를 꺾어 프래킹 공법으로 수평으로 파고 들어간 후 가스와 석유를 채굴하게 된다.

5 http://therightsofnature.org/wp-content/uploads/Damien-RoN-tribunal-judgement.pdf 참조.

② 피해 내용

프래킹은 다른 석유 채굴 방식과 달리 가정과 학교의 200피트 이내, 미국 연방정부 소유 토지와 인구가 집중된 지역, 농장 등에서 이루어진다. 한 번 프래킹을 할 때마다 물을 200~800만 갤런씩 사용하며, 미국 전체로 보면 100조 갤런, 독성 화학물질을 포함한 4천억여 갤런 프래킹 액체가 사용된다. 프래킹 사업당 평균적으로 화학물질 330톤이 쓰이고 그중 3분의 2가 지하에 남으며 정수 및 정화될 수 없다. 대부분 이런 유독 폐수는 비닐벽으로 된 연못 같은 웅덩이에 고여 있다. 콜로라도에서는 태풍 샌디와 심한 홍수로 유독 폐기 웅덩이 수천 개가 쓸려 내려갔다. 콜로라도에만 프래킹 유전이 5만 1천여 개 정도 있다. 프래킹은 이산화탄소보다 수십 배나 더 강력한 온실가스인 메탄가스도 다량 방출하고, 천식, 암 등 여러 질환을 일으키는 휘발성 유기화합물(VOC)도 배출한다. 프래킹으로 생긴 스모그는 오존 오염도 증가시킨다. 콜로라도의 오존양은 정부 규제량을 초과해서 두 배에 이르렀고 메탄가스 방출 정도는 심각한 것으로 보인다. 유타주의 한 연구에 따르면 유인타 지방 프래킹 유전에서 새는 메탄양은 시간당 60톤으로 보인다. 프래킹은 또한 오하이오주처럼 지진이 없었던 지역에서 지진을 일으키는 것으로 연구자들이 확인했다.

③ 증거들

- 「안전한 식수 및 위생과 관련한 인권에 관한 UN 특별 보고서」 및 「2011 US Mission 보고서」는 프래킹과 관련된 활동의 영향에 심각한 우려를 제기하면서, 오염 활동과 궁극적인 영향 사이에 '정책적 단절'이 있음을 관찰했다.
- 유엔환경계획(UNEP)은 프래킹으로 인한 공기, 토양 및 물, 생태계

손상, 서식지 및 생물다양성 영향, 식량 생산에 필요한 토지와의 물 경쟁, 탄소 배출 감소 목표를 위태롭게 하는 메탄 배출, 그리고 석탄의 대체제가 아닌 석탄 연료의 추가로 볼 수 있는 비전통적 가스에 대한 심각한 위험에 관하여 『글로벌 경고(*Global Alert*)』(UNEP, 2012)를 발간했다.

- 콜로라도 석유 및 가스 보전위원회(COGCC)의 불만 사항 분석:

표 6. 불만 유형

유형	개수(건)	비율(%)
우물 문제	721	24
투기/유출/누출	330	11
대기질	320	10.7
소음	312	10.4
토지 이용	226	7.5
재생 문제	183	6.1
지표면 손상	169	5.6
규정 위반	140	4.7
기타	130	4.3
지표수 문제	103	3.4
가축	83	2.8
공사 미공지	49	1.6
도로 먼지	48	1.6
일반적 환경 문제	43	1.4
유휴 유정 문제	32	1.1
교통체증	32	1.1
야생동물 문제	26	0.9
로열티 문제	25	0.8
버려진 유정 문제	21	0.7
실종	7	0.2
합계	3,000	100

2013년까지 미국에서 3,000개의 불만 사항이 접수되었고 각각의 불만 내용을 분석하고 데이터베이스화하여 19가지 유형의 피해를 식별하였다.

④ 재판소의 결정

재판소는 가스와 오일 프래킹 산업과 이를 지지하는 정부들이 '세계지구권선언' 제2조에 규정된 오염으로부터 벗어날 권리, 존재할 권리, 존중받을 권리, 깨끗한 물과 공기에 관한 어머니 지구의 고유한 권리를 침해하고 있다고 결정하였다. 또한 선언 제3조에 규정된 어머니 지구와 조화롭게 존중하고 살아가야 할 의무, 그리고 선언의 권리를 인정하고 증진해야 할 의무를 위반하였다고 밝혔다.

⑤ 재판소의 제안

- 프래킹은 어머니 지구의 권리와 인간 존재의 권리를 침해하고, 우리의 재래식 에너지 자원에 대단히 비효율적이고 더럽고 파괴적인 물질을 추가하고, 재생 가능 자원을 훼손시키므로 그러한 비전통적인 에너지 추출은 금지해야 한다.
- 에코사이드(환경범죄)를 처벌하기 위한 로마 규정(The Rome Statute)의 개정을 지지한다.
- 프래킹 반대를 위한 풀뿌리 운동을 지지하고, 기업의 부패를 강조해야 하며, 다른 포럼에서 기업주의 책임을 물어야 한다.

자유무역협정의 자연에 대한 영향 사례 (2017년 재판)

① 증거들

캐나다, 독일, 남아프리카공화국 및 푸에르토리코의 전문가들은 자유무역협정(FTA: Free Trade Agreements)이 화석연료, 민영화, 상품화 및 지구상의 모든 생명체를 합법적으로 노예화하는 것을 바탕으로 하는 지속가능하지 않은 경제 시스템의 원동력임을 증언했다. FTA는 법적으로 구속력이 있으며 파리 협정에 따라 체결된 구속력이 없는 약속보다 우선하므로 FTA에서 투자자-국가 간 분쟁해결기구(ISDSM)에 의해 설립된 법원이 해당 법률을 '무역 장벽'이라고 결정하면 각국에서 생태계를 보호하는 새로운 법률을 통과시키는 것이 불가능할 수 있다. 원주민들은 NAFTA 같은 제도하에서 가장 큰 희생을 치른다. 왜냐하면 그들은 땅을 보호하면서 땅과 밀접한 삶을 살기에 시추나 맑은 물 채굴 등 미개발 자원의 탐색 과정에서 퇴출 대상이 되기 때문이다. 예를 들어 멕시코에서는 나프타가 적용되는 지역에서 지하수의 50%가 이미 고갈되었다.

사례 발표자들은 외국 기업들에게 그들의 이익에 부정적인 영향을 미치는 새로운 법률이나 규성에 대해 정부에 직접 고소할 권리를 부여하는 등 야심찬 기후 정책을 중단시키기 위해 자유무역협정이 어떻게 활용되었는지를 보여주었다. 미국과 전 세계의 무역 협상은 수년간 높은 수준의 화석연료 소비를 유지하게 함으로써 기후변화 문제의 해결에 필요한 사회의 변화를 방해한다. 예를 들어, NAFTA의 결과로 캐나다는 에너지 부문에 대한 통제를 상실했고, 영구적으로 미국에 석유 및 가스 생산량의 일부를 수출해야 해서 화석연료 추출의 파괴적인 시스템이 견고해졌다.

또한 발표자들은 현 국제무역체제가 착취적이고 파괴적인 세계관을 반영한다는 사실에 주목했다. 그리고 우리가 '자연의 권리'에 대해 말하는 것의 진정한 의미는 우리를 부양하는 지구에 대한 인간의 책임과 의무에 대해 말하는 것이라고 주장했다. 이러한 세계관에 따르면 물은 생명이며 모든 생명 그 자체의 근원이고, 우리를 어머니 지구의 모든 것에 연결하는 것이다.

그러나 다른 세계관에 따르면, 물은 인간의 이익을 위해 자연이 제공하는 필수품 또는 서비스로 간주될 수 있다. 이 관점에서 지구는 오직 인간을 섬기기 위해 존재하며 인간은 자연을 보호하거나 돌볼 책임이 없고, 물은 악용되고 추출되는 다른 '물건'과 다르지 않다. 무역은 두 세계관 모두에서 존재할 수 있지만, 자유무역협정은 오로지 두 번째의 파괴적인 세계관에 속할 뿐이다. 또한 FTA는 더 많은 것을 위한 끝없는 욕망의 궁극적인 표현이며 우리의 정치 및 법률 시스템을 지배하는 부의 집중과 기업 주도의 세계화를 가속화한다.

FTA는 가장 낮은 수준의 공통 표준으로 가는 가장 빠른 길을 장려한다. 환경 기준은 생물다양성과 문화유산이 단일성으로 대체되는 FTA 아래에서 가장 낮은 수준으로 만들어지고, 제품들은 포장되어 소비자들에게 판매되기 전에 가장 낮은 수준의 노동 기준을 가진 장소로 운송되어 만들어진다.

자유무역협정은 최소한의 민주주의 기준에도 부합하지 않는다. 누구도 자유무역협정을 위해 직접 투표하지 않았음에도, 사실상 그들은 공동체와 국가의 욕구 및 법률에 아무런 영향을 받지 않는다.

투자자-국가 간 분쟁 법원은 무역 장벽에 해당하는 것은 반드시 제거되어야 한다는 세계관을 근거로 무역 장관들에게 결정권을 준다. 이는 생태계 보호를 위한 새로운 법률의 통과를 저지하고 국가적 차원에서 위축 효과를 가져온다는 증거들이 제시되었다.

발표자들은 현재의 국제무역체제는 정부, 무역 장관, 기업 경영진이 공범이 되어 자연의 권리를 체계적으로 침해하고 있다고 주장했다. 또한 그들은 식량이 농장에서 식탁까지 평균 3,000마일을 여행하고, 모든 생산과 운송이 화석연료의 과도한 사용에 의존해야 하는 현재의 시스템에서 인류는 살아남을 수 없으므로 우리는 생존을 위해 세계 무역협정을 해체해야 한다고 주장했다.

② 재판소의 결정

자연의 권리를 인정하는 것은 법과 문화를 부의 축적에서 벗어나 안녕으로 이동하는 길을 제시한다. 재판소는 자유무역협정이 생명과 자연의 권리에 대한 체계적인 위반에 따른 결과보다 무역이 더 중요하다는 망상에 근거하고 있음을 발견했다.

자유무역협정을 체결한 국가와 공공기관, 이를 위해 로비하는 기업과 개인은 인간의 안녕 추구가 현재와 미래의 어머니 지구의 안녕에 기여하도록 하는 직무에 실패하고 있으며, 이들은 어머니 지구와 조화를 이루고 세계지구권선언에서 인정된 권리에 부합하는 경제 시스템을 장려해야 한다. 따라서 자유무역협정은 지구의 권리 선언에 규정된 권리 및 의무와 상충하는 한도 내에서 무효로 간주되어야 한다고 결정했다.

나가며

국제 자연의 권리 재판소는 정식 재판소가 아니어서 어떠한 법적 구속력도 갖지 못한다. 그러나 현재의 법체계에서 측정하지 못하고 인정하지 않고 있는 자연의 권리에 대하여 지구의 권리 선언을 근거로 그 훼손의 원인과 결과를 파헤치고 나름의 해결책을 제시해주는 플랫폼으로서 충분히 그 가치가 있다. 그 해결책은 결국 자연의 권리를 인정하고 법체계 내로 이를 끌어들임으로써 눈에 보이는 경제적 이익만을 판단의 근거로 삼고 있는 현재의 패러다임을 전환해야 한다는 것이다.

동 재판소를 통하여 인간의 권리만을 추구하는 현재의 법, 자본, 경제의 시스템이 어떻게 어머니 지구의 권리를 침해하고 있는지에 대한 실제 사례가 확인되었다. 그 침해의 정도는 생각보다 거대하고, 이는 결국 인간은 물론 지구상의 모든 존재의 생존에 대한 위협이 될 수 있다는 점을 쉽게 알 수 있을 것이다.

토마스 쿤은 『과학혁명의 구조』라는 책에서 패러다임의 전환을 말하였다. 예를 들어 뉴턴의 이론에서 아인슈타인의 이론으로 전환되는 과정이 그렇다. 새 이론은 옛 이론을 아우르는 동시에 옛 이론이 설명하지 못했던 부분들까지도 설명할 수 있음에 따라 주된 이론이 되어간다.

다시 말해 옛 이론이 설명하지 못하는 영역이 나타나고 증가함에 따라 그러한 영역을 설명할 수 있는 새로운 이론이 등장하고, 점차 새로운 이론이 옛 이론에서의 모든 현상은 물론 새로운 현상들까지 설명할 수 있는 것으로 인정받게 될 때 새로운 패러다임의 전환이 일어난다는 것이다. 또한 옛 이론을 버리고 새로운 이론을 택하는 개개인의 과정이 과학적이라기보다는 개인의 믿음에 바탕을 둔 선택이라고 한다.

이에 우리는 현재 법체계가 패러다임의 전환 과정에 있다고 생각하며 또 그리되어야 한다고 믿는다. 우리 사회가 법의 패러다임을 전환하여 법이 지금껏 다루거나 구제하지 못했던 영역인 자연의 권리와 자연과 더불어 사는 원주민들과 지구상에 존재하는 모든 생명의 영역까지 법의 영역 안으로 끌어들일 때 인류에게도 지속가능한 미래가 존재할 수 있을 것이다. 이러한 패러다임 전환의 성공 여부는 바로 지금, 우리의 선택에 달려 있다.

참고문헌

토마스 쿤(Thomas Kuhn), 홍성욱 옮김(2013). 『과학혁명의 구조』. 까치글방.

제3부

지구법학의 적용

제6장

지구법학과 헌법

오동석

◇◇◇◇

지구의 문제상황과 헌법 패러다임의 전환

지구생태 위기의 책임 문제

지구생태 위기는 인류를 비롯하여 지구상 모든 존재의 생존 문제다. 그 위기에 대해 가장 큰 책임을 져야 할 존재는 인간이다. 그러나 그 책임을, 종(種, species)으로서의 인간으로 환원함으로써 모든 인간이 균등하게 져야 한다는 논리를 받아들이기는 어렵다.

문제 해결의 지점을 찾기 위해서는 원인과 책임의 소재를 명확하게 드러내야 한다. 개발주의와 성장주의의 이익을 맘껏 향유하며 제국의 영광과 자본주의의 욕망을 맛본 나라들이 탄소 배출의 핵심적인 원인 제공자다.[1] 그들은 인간과 생명 그리고 자연을 포함한 총체적 지구 공간을 국가적으로는 물론 산업적으로 사유(私有)하고 지배했다. 이른바 서구의 근대 국민국가체제다. 인류는 제국주의의 영토 전쟁으로

1 사람의 '주거지'가 모여 있는 1%의 땅에서 배출되는 온실가스 배출량이 전 지구 온실가스 배출량의 77%에 달한다는 연구 결과가 나왔다(〈경향신문〉 2019. 10. 30. 「고작 육지 1%에 모여 사는 인류, 온실가스는 전체의 77%나 배출」). 그런데 그 1%조차 어디에 몰려 있는지는 불문가지다.

20세기 전반에 두 차례의 세계대전을 겪었다. 주권 관념은 약소국의 방어 논리가 아니라 강대국이 지구에 대해 배타적으로 분할 지배하는 것을 정당화했다. 자본주의 산업경제체제는 주권의 엄호 아래 무분별하게 지구를 훼손했다.

지구의 생태 위기가 인류 공동의 탓인 것처럼, 그래서 이제는 함께 생태적 전환을 꾀해야 한다는 주장이 못마땅한 까닭이다. 생태주의 깃발을 내건 나라들도 당장 멈추지는 못한다. '기후 비상사태(climate emergency)'는 지구적 안전보장 문제인데, 헌법의 국가긴급권은 작동하지 않는다. 반면 이른바 '선진국'들은 개발도상국의 개발을 엄중하게 경계(警戒)하지만, 지구생태를 훼손하는 산업을 개발도상국으로 이전한 지 오래다.

2019년 브라질 아마존과 호주의 산불 상황은 지구법학의 과제가 절대 만만치 않음을 보여준다. 책임 없는 가장 약한 사람들과 자연이 가장 먼저 피해를 본다. 생태적 삶을 살았음에도 불구하고 법적으로는 인정받지 못하는 피해자고 손해다.[2] 이 사람들이야말로 지구의 생태를 지켜온 사람들이다. 지구 위기가 인류 전체의 책임이라고 말하는 것은 책임의 핵심과 본질을 왜곡한다.

지구법학은 인간이 지구라는 존재 공동체를 구성하는 일부분임

2 〈한겨레〉 2019. 10. 19.「브라질 지옥이 있다면 그것은 아마존」, 〈한겨레〉 2019. 10. 26.「불타는 숲에 에워싸인 숲의 사람들」, 〈한겨레〉 2019. 11. 4.「인디언부터 테러까지 … 미국은 '십자군의 악마' 찾고 있다」, 〈한겨레〉 2019. 11. 29.「아마존 보호 자원봉사자들이 아마존 산불 놨다?」, 〈한겨레〉 2020. 1. 3.「온난화 따른 '인도양 쌍극화'에 … 호주대륙이 불타들어간다」, 〈한겨레〉 2020. 1. 9.「불타는 호주, 기후위기가 삼킬 우리 미래 … 해시태그 타고 번지는 우려」, 〈경향신문〉 2020. 1. 13.「산불이 만든 '이산화탄소 홍수' 호주, 석 달 새 1년 배출량 넘겨」 등 기사 참조.

을 인정하고 인류를 비롯한 모든 존재의 가치와 생명을 존중하는 법규범의 사고 체계다. 지구법학은 기존의 헌법 또는 헌법학에 대하여 그 존재 의의와 지향점을 달리해야 한다는 패러다임 전환을 요청한다. 다만 지구법학은 현실적으로 작동하는 법체계는 아니다. 아직은 지구법학의 관점을 실현하기 위한 방안을 다양하게 모색하는 시기다. 그렇지만 그 모색은 절실하고 긴급하다.

헌법 패러다임 전환의 요청

헌법은 서구의 근대 이후 '국민국가' 단위의 영토를 기반으로 하여 국가 구성원 국민의 안녕과 질서를 유지하는 법체계의 기본틀이다. 헌법(constitution, Verfassung)의 어원은 조직 그 자체 또는 조직의 구조·체제다. 지구생태의 위기는 근대 이후 자유주의 헌법체제의 실패다. 헌법 패러다임의 전환이 필요한 까닭이다.

패러다임(paradigm)은 '사례, 예제, 실례, 본보기'라는 뜻의 그리스어 파라데이그마(paradeigma)에서 유래한다.[3] 어떤 한 시대의 사람들의 견해 또는 사고를 근본적으로 규정하고 있는 테두리로서의 인식 체계다. 프리초프 카프라는 사회적 패러다임(social paradigm)에 대해 '한 공동체가 공유하는 개념, 가치, 인식 그리고 실천으로 이루어지는 총체'로서 '그 공동체가 스스로를 조직하는 방식의 기본이 되는 실재에 대한 특정한 관점'을 형성한다고 말한다.[4] 패러다임은 영구불변이 아니라 변화한다는 것을 전제로 하는 집단 구조나 사고 양식을 가리킨

3 두산백과. https://terms.naver.com/entry.nhn?docId=1222252&cid=40942&categoryId=31611 (검색일: 2020-06-17)

4 프리초프 카프라, 김용정·김동광 옮김(1998), 『생명의 그물』, 범양사, 21쪽.

다. 제도학파는 기본적으로 제도를 인간의 이해와 열망을 실현하는 방식으로 또는 인간의 갈등과 투쟁을 거쳐 형성되는 인공물로 이해하기 때문에 제도에 대한 물신숭배를 거부한다.[5] 현재의 헌법적 제도의 틀 또는 국제법적 제도의 틀 안에 머물러서는 안 된다.

서구의 근대 헌법 이념이 등장하기 전까지 헌법은 권력 지배의 조직 또는 구조·체제였다. 권력으로부터 스스로 해방함으로써 자유를 쟁취하려는 사람들은 기존 헌법체제를 교란하면서 덜 구속적인 세상을 꿈꾸고 말하며 실천하고 투쟁했다. 근대 이후 헌법의 역사는 기존 현실의 문제점을 해결하고자 기성의 헌법 이념과 헌법 규범을 넘어서는 새로운 헌법 이념과 헌법 규범을 낳는 신진대사의 과정이다.

지구법학의 등장이 기존 헌법 패러다임의 변화를 요청하는 것은 기존 헌법체제의 한계가 드러났기 때문이다. 현재 지구는 존립 자체의 위기에 처해 있다. 인간의 개발주의는 지구의 중대하고 심각한 훼손과 파괴를 야기함으로써 비가역적이고 제어 불가능한 지구의 생태 위기를 초래했다. 토마스 베리(Thomas Berry)는 인류가 역사적 발전을 거쳐 실제로 도달한 곳은 쓰레기 세계(Waste World)라고 진단한다.[6] 제임스 러브록(James Lovelock)은 지구의 기후 시스템이 돌이킬 수 없는 지점을 넘어섰고, 인간 생명에 적대적일 수 있는 상황 체제로 멈출 수 없는 질주를 하고 있다고 본다.[7] 코막 컬리넌(Cormac Cullinan)은 인간이 지구에 가한 손상의 심각성과 범위가 점점 분명해지면서 현행 거버넌스 시스템을 약간 수정하는 것만으로는 21세기에 직면한 환

5 이재승(2016), 「대칭성 법학」, 『민주법학』 61, 36쪽.
6 토마스 베리, 박만 옮김(2015), 『황혼의 사색』, 한국기독교연구소, 27~28쪽.
7 코막 컬리넌, 박태현 옮김(2016), 『야생의 법』, 로도스, 9쪽에서 재인용.

경적 도전 과제를 해결할 수 없다고 말한다.[8] 클라우스 보셀만(Klaus Bosselmann)도 '인간중심주의'의 한계와 새로운 법학으로서의 지구법학을 말한다.[9]

그러나 '인간중심주의'의 실체를 좀 더 구체적으로 확인할 필요가 있다. 지구의 위기를 초래한 가장 핵심적인 것은 자연은 물론 인간까지 도구화하고 희생하면서 이윤을 무한하게 추구하는 자본주의체제다.[10] 근대 서구의 국가는 자본주의와 긴밀하게 얽혀 있다. 사적(私的) 권력으로서 자본은 개인과 동일시되어 자유를 구가하는 한편, 사적(私的) 자치와 계약 자유의 명목으로 개인에 대한 억압과 착취를 은폐한다. 20세기 이후 현대의 헌법들은 경제적 불평등 해소를 선언했지만, 사회적 불평등 해결은 물론 개발주의적 자본주의를 탈피하지도 못했다. 새로운 헌법 패러다임은 자본주의와 국가주의 비판을 넘어 그 혁신 또는 극복을 요청한다. 이 글에서는 헌법 이념 변화와 헌법 역사의 연속성과 단절성 위에서 지구법학의 역사적 의미를 도출하고 패러다임 전환을 위한 헌법 또는 헌법학의 과제를 논한다.

8 『야생의 법』, 9쪽.

9 클라우스 보셀만, 진재운·박선영 옮김(2011), 『법에 갇힌 자연 vs 정치에 갇힌 인간』, 도요새.

10 파블로 솔론 외 3인, 김신양·김현우·허남혁 옮김(2018), 『다른 세상을 위한 7가지 대안』, 착한책가게, 11쪽, 번역자들의 서문. 이들도 '인간중심주의'를 말한다. 그러나 지구 위기와 관련해 자본주의 이전 사회의 책임은 무시해도 좋을 정도다. 사회주의체제도 개발 중심의 성장주의 틀을 벗어나지 못한 점에서 책임이 있다.

헌법체제의 변화와 지구법학 패러다임

헌법 이념의 변화와 헌법의 역사

근대 시민 헌법은 봉건 신분의 불평등을 해소하고 지배권력을 분할하여 인권과 자유주의 헌법 이념에 복무하게 했다. 16세기에 태동한 종교개혁·자연권·저항권 사상과 운동은 인권헌장과 근대 헌법으로 이어졌다. 미국의 「버지니아 권리장전」(1776. 6. 12.), 프랑스의 「인간과 시민의 권리 선언」(1789. 8. 26.) 등이 대표적이다.

그러나 현실에서 '인간'은 여성과 노동자 등을 제외한, 유산계급의 장년 남성이었다. 자본주의체제 위에서 사유재산 권력이 위력을 발휘했다. 여성에 대한 가부장적 폭력과 노동자에 대한 경제적 폭력 등 민중에게서 인간과 시민으로서의 권리와 처우를 부정하거나 축감했다.

20세기 이후 현대 헌법은 자본주의의 모순에 따른 경제 불평등을 해소하고자 사회복지 이념을 지향한다. 사회주의 사상과 운동은 1917년 러시아혁명과 1918년 「노동 피착취 인민의 권리 선언」 그리고 사회주의 헌법으로 이어졌다. 노동법과 사회보장법 그리고 경제법이 성립했다.

근대에서 현대에 이르는 인류 역사는 기독교-유럽 중심주의였다. 국제법 근본 질서의 의미와 핵심은 지구상에 있는 비유럽인의 땅들을 식민지 땅으로, 다시 말해 점령과 약탈의 대상으로 삼았다. '유럽의 땅의 취득시대'다.[10] '불법의 원시적 영토 축적'이다. 오늘날 국제관

11 칼 슈미트, 김남시 옮김(2016), 『땅과 바다』, 꾸리에, 93쪽.

계의 결정적 지형을 형성한 시대다. 국가 중심 역사의 시초에는 땅의 취득이 있다. 모든 구체적인 질서와 법의 근원이다.[12] 로크에 따르면, 정치권력의 본질은 땅에 대한 관할권이다. 그는 관할권을 중세적 언어 관용에 따라 고권(Hoheit)과 지배권력(Herschaftsgewalt)으로 이해한다. 지배는 땅에 대한 지배이고, 그 땅에 거주하는 인간에 대한 지배다.[13] 칸트 또한 '토지에 있는 모든 것을 내 것과 네 것으로 분배하는 법률'이 '구체적이고 역사적이며 정치적인 사건으로서 땅 취득의 진정한 핵심'이라고 말한다.[14]

20세기 전반에 일어난 두 번의 세계대전과 파시즘 체제는 신분·경제의 속박에 더하여 전쟁과 폭력의 속박 문제를 제기했다. 그것을 뚫고 '인간의 존엄'과 '국제평화' 개념과 사상이 핵심어로 등장했다. 국제인권법(International Human Rights Law)은 개인과 집단이 가지며 국제적으로 보장되는 권리가 해당 개인과 집단이 소속된 국가의 정부로부터 침해받지 않도록 보호하고 그러한 권리에 대한 보장을 증진시키는 법이다. 1945년 10월 유엔헌장, 1948년 12월 10일 세계인권선언(Universal Declaration of Human Rights), 1966년 12월 16일 유엔인권규약(International Covenant on Human Rights)을 채택했다. 그 밖에도 다양한 국제인권조약이 존재한다.

그러나 인권은 아직도 국가 단위의 영토를 넘어서지 못했다. 국제사회는 국가와 자본의 권력에 속박되어 힘의 논리가 지배한다. 인권의 역사에서 인권은 신분 특권 없는 시민의 투쟁, 생산수단에서 소외

12 칼 슈미트, 최재훈 옮김(1995), 『대지의 노모스』, 민음사, 22쪽.
13 『대지의 노모스』, 21쪽.
14 『대지의 노모스』, 22쪽.

된 노동자의 투쟁, 남성 중심 사회에서 배제된 여성의 투쟁을 거치면서 비로소 '인간'의 권리에 조금 가까워졌을 뿐이다. '인권'이 '인간의 권리'로 자리매김하기 위해서는 노동자, 여성과 더불어 장애인, 성 소수자, 이주노동자, 난민 등까지 아우르는 사람들의 해방을 전제 조건으로 한다. 민주주의 역사 또한 유산자 계급의 과두정(寡頭政)을 넘어 보통선거제도까지 확장했지만, 참여민주주의와 숙의민주주의로 심화해야 하는 과제를 안고 있다.

헌법 이념과 헌법 규범은 생성·성장·소멸의 자연사 과정을 거친다. 새로운 헌법은 지배권력의 속박 때문에 억압당하는 존재들의 해방을 지향한다. 헌법체제의 이행(移行)은 구체제와 갈등과 투쟁을 겪을 수밖에 없다. 기성 헌법은 다시 새로운 해방을 지향하는 사람들에게 한계로 작동하기도 했지만, 헌법의 역사적 해방 이념은 새로운 헌법체제를 꿈꾸는 사람들이 그 의지와 실천의 동력을 형성하는 출발점이 되었다.

오늘날 지구의 문제점은 자본주의냐 사회주의냐의 양자택일 또는 양자가 양립하는 '국가 간 평화체제'가 아니다. 양자의 차이점이 무엇이든 둘 다 산업적 진보를 지향하는 공통점이 있다. 산업적 진보는 오늘날 지구 전체에서 일어나고 있는 생태계 붕괴에 대해 다른 어떤 원인보다 가장 큰 원인이다. 토마스 베리는 인간의 조건을 개선하려는, 즉 '진보'하려는 그 헌신이 오히려 지구의 기본 생명 체계를 붕괴시켰다는 것은 엄청난 아이러니라고 진단한다.[15]

프리초프 카프라는 구 패러다임에 대해 '역학적 체계로서의 우

15 토마스 베리, 맹영선 옮김(2013), 『지구의 꿈』, 대화문화아카데미, 15쪽.

주관, 기계로서의 인체관, 생존하기 위해 치열한 경쟁을 벌이는 장소로서의 사회관, 경제성장과 기술발전으로 무제한의 물질적 진보가 이룩될 것이라는 신념 그리고 마지막으로, 그러나 그 중요성이 결코 덜하지 않은 여성들이 남성에게 속하는 사회가 자연의 기본 법칙에 따르는 사회라는 믿음'이 가장 근본적인 구성 요소를 이루고 있다고 본다.[16] 새로운 헌법 이념은 구 패러다임을 넘어서야 하는 과제를 안고 있다.

지구법학 패러다임과 새로운 헌법 이념

토마스 베리는 인류에게 새로운 비전을 제시해야 하는데, 두 가지가 필요하다고 말한다. 첫째, 우리가 살아온 산업세계의 꿈을 있는 그대로 정확히 평가해야 한다. 둘째, 산업세계가 제시하는 유혹적인 관점에 충분히 맞설 수 있는 대안을 찾아야 한다. 그러나 그 대안은 인간의 조건을 넘어설 수 있다고 약속하지 못한다. 다만 삶을 풍요롭게 하고 또한 이 세계에 의미를 부여할 수 있는 것이어야 한다.[17]

지구법학은 모든 생명이 주체로 참여하는 지구 공동체의 거버넌스로 제시된 이론이다.[18] 토마스 베리는 '종의 연합(United of Species)'을 말한 바 있다.[19] 클라우스 보셀만은 자연은 원래 평화롭게 유지될

16 『생명의 그물』, 21쪽. 프리초프 카프라와 우고 마테이가 제시하는 생태적 법질서에 대해서는 프리초프 카프라, 우고 마테이, 박태현·김영준 옮김(2019), 『최후의 전환: 지속 가능한 미래를 위한 커먼즈와 생태법』, 경희대학교출판문화원 참조.

17 『황혼의 사색』, 27~28쪽.

18 상세한 것은 Klaus Bosselmann & J. Ronald Engel(2011), *The Earth Charter*, KIT Publishers 참조.

19 『황혼의 사색』, 31쪽.

권리가 있기 때문에 '그대로' 보호하기 위해서는 '종(species) 이기주의'를 탈피해야 한다고 주장한다.[20] 토마스 베리는 헌법체제도 제한적 형태의 민주주의에서 더 포괄적인 생명주의(biocracy)로 나아간 인간 공동체의 구조를 담아내야 한다고 본다. 그것은 인간뿐 아니라 전 지구를 위한 체제로서 더 큰 지구 공동체 모두가 참여하는 체제다.

지구법학 패러다임은 새로운 헌법 이념과 헌법 규범을 요청한다. 신자유주의는 근대 자유주의와 현대 사회복지주의 헌법 이념을 망가뜨리고 있다. 이는 지구의 생태 위기를 가속화하는 것으로 귀결한다. 지구법학이 제시하는 지구생태주의가 새로운 시대의 헌법 이념이어야 한다. 지구법학의 한 분야로서 지구헌법학은 지구생태주의 이념을 구현하는 헌법체제를 어떻게 구성할 것인가를 고민하는 학문이라고 정의할 수 있다.

언뜻 드는 생각으로는 단일한 통치체제를 갖춘 세계정부를 떠올릴 수 있지만, 그것은 너무 장기적인 꿈이어서 당장 위기에 처한 지구의 존립을 지켜내기는 어렵다. 현재 유엔을 비롯한 국제기구와 다양한 국제조약을 발판으로 지구법학 패러다임을 확산하는 것은 지속해야 한다. 그러나 동시에 지구법의 관점에서 현실을 진단하고 미래를 전망하며 다시 현실을 변화시킬 지구헌법체제를 정립해야 할 시점이다. 지구헌법학은 기존의 국민국가 중심 헌법체제를 탈피해야 하지만, 현실의 국민국가 단위 헌법체제를 출발점으로 삼을 수밖에 없다.

우리가 알고 있는 헌법원리를 동원한다면, 지구생태주의 거버넌스 체제를 구축하는 방법론으로서 연방주의 원리를 변용하여 차용

20 『법에 갇힌 자연 & 정치에 갇힌 인간』, 18쪽.

할 수 있다. 지역 공동체, 지방정부, 국민국가, 국제기구 등 단위의 차원을 가리지 않고 지구생태주의를 지향하는 모든 조직들의 연대체를 구성하는 것이다. 조직 원칙으로는 작은 단위에서 큰 단위로 상향하는 의사결정 원칙을 채택해야 한다.

한국 사회는 시민들이 촛불집회를 통해 권력을 사유화(私有化)하고 헌정 질서를 파괴한 대통령을 쫓아냈다. 2016년에서 2018년까지 새로운 헌법체제를 모색하려는 열망이 개헌 논의로 이어졌지만, 문재인 대통령의 개헌안은 새로운 지구법학 패러다임과는 거리가 멀었다. 법률가적 실증주의 세계관에 머무는 헌법 조문의 윤색일 뿐 지구생태주의 헌법의 모델이 될 만한 전망을 제시하지 못했다.

한국 사회가 지향해야 할 지구생태주의 헌법은 일단 '인민+노동자+여성+…n'의 주권, '자유+사회+연대'의 인권, '대의+직접+참여+숙고'의 민주주의, '권력분립+법치+국제평화'의 원칙 등 인류 역사의 소중한 가치를 계승해야 한다. 동시에 새로운 지구생태주의 헌법의 이념과 원칙 그리고 권리와 조직을 담아내야 한다. '기존의 것을 따라 하기'가 아니라 '배우되 상상력을 더한 꿈'을 꾸어야 한다.

헌법 패러다임 전환의 방법론

지구생태주의 헌법의 이름표를 달지 않았지만, 지구생태주의 헌법 이념의 맹아를 담은 헌법이 있다.[21] 일단 무엇을 배워야 할지 참고할 만

21 '녹색 헌법'을 지향하면서 헌법에 녹색 가치를 구현하는 개헌안으로는 녹색전환연구소(2018), 『녹색 헌법』, 이매진 참조.

하다. 헌법의 구성 요소에 따라 외국의 헌법례와 한국의 개헌론을 분류하면 다음과 같다.

헌법 이념 차원의 접근

헌법은 역사적 과정을 통해 이념적 지향성을 드러내면서 변화했다. 한국의 개헌론에서도 생명 존중 가치와 생태 헌법 이념을 담으려 한다. 헌법은 환경권을 규정하고 있지만, 생태 헌법의 접근은 생명 존중 가치와 생태 헌법 이념을 헌법에서 선언하고자 한다. 인간중심주의는 생태적 위기의 가장 심각한 원인이다.[22]

대화문화아카데미는 새헌법안 전문에서 "… 생명 존중과 생태 보전 … 의 가치를 바탕으로"라고 선언한다.[23] 박태현은 "또한 자연환경은 우리들과 뭇 생명이 하나로 연결된 지구 위 생명 공동체의 존속과 번영을 위한 불가결한 기반임을 인식하며, 생명 공동체의 책임 있는 성원으로서 환경적으로 건전하고 지속가능한 사회발전을 추구함으로써" "우리들을 비롯한 뭇 생명의 존속과 번영의 자연적 기반을 보호할 것을 다짐하면서"를 전문에 추가한다.[24] 녹색전환연구소는 "제1조 모든 생명은 존엄한 가치가 있다"는 조항을 제안한다.[25]

새로운 헌법 이념의 제시는 헌법 전반에 걸쳐 규범을 정립하는 의미가 있다. 다만 다른 헌법 조항과 조화를 이루는 체계화의 문제가 남아 있다. 예를 들면, 재산권 보장과의 관계에서 생태주의 이념이 우

22 『법에 갇힌 자연 vs 정치에 갇힌 인간』, 18쪽.
23 김문현 외(2016), 『대화문화아카데미 2016 새헌법안』, 대화문화아카데미.
24 박태현(2017), 「생태헌법의 제안」, 『헌법, 환경을 어떻게 담을 것인가?』, 시민환경연구소·환경법률센터 주최, 월드컬쳐오픈코리아 W스테이지, 13쪽.
25 『녹색 헌법』, 27쪽.

선할 수 있는지의 문제다. 해석론으로 해결하기에는 한계가 있다. 생태주의 이념을 헌법에 기입하는 것은 필요하지만 충분하지는 않다. 자칫 기존 법질서 안에서의 추상적 선언에 그칠 우려가 있다. 현실의 절박함과 절실함 위에서의 지구생태주의 헌법 이념 없이는 살 수 없는 존재들의 구체적인 생명줄을 추가해야 한다.

권리 차원의 접근

2009년 2월 유엔인권고등판무관은 기후변화가 광범위한 인권의 향유를 위태롭게 하지만 인권침해는 아니라며 국가의 국제협력 의무 측면에서 접근했다.[26] 지구온난화가 잠재적으로 영향을 미치는 인권은 생명권, 적절한 음식, 물, 건강 및 거주에 대한 권리 그리고 자결권 등이다.[27] 인권적 접근의 장점은 도덕적 긴급성을 부여함으로써 호소력을 높일 수 있고, 현재의 배출 행위를 불법으로 규정하여 정부 간 배출량 감축에 관한 합의를 기다리지 않고 인권법상의 구제절차나 특별보고절차(rapporteurs)를 이용할 수 있으며, 고통을 받고 있는 사람들의 관점에서 접근할 수 있다는 것 등이다.[28]

2008년 에콰도르 헌법 제72조는 '자연은 존재할 권리, 지속할 권리 그리고 생명 유지에 필수적인 자연의 순환 과정과 구조, 기능 및 진화 과정을 유지하고 재생할 권리'를 가지며 또한 '자연은 재건될 권리나 손상된 자연 시스템에 의존하는 사람 또는 단체가 주장할 수 있는 보상에 관한 권리와는 별개로 자신이 온전한 상태로 복원될 권리'

26 박태현(2011), 「'기후변화와 인권'에 관한 시론」, 『동아법학』 52, 286쪽.
27 「'기후변화와 인권'에 관한 시론」, 293쪽.
28 「'기후변화와 인권'에 관한 시론」, 302쪽.

가 있다고 규정한다. 그러면서 '국민이나 회사 같은 법적 주체 그리고 국가에게 자연의 권리를 존중하고 지지해야 할 특정 의무를 부과하고, 이러한 자연의 권리는 법적으로 집행 가능하다'고 덧붙이고 있다. 더욱이 '모든 사람, 국민, 공동체 또는 민족은 자연을 위한 권리를 인정하라고 공공기구에 요청'할 수 있다.[29]

대한민국 헌법은 제35조 제1항에서 "모든 국민은 건강하고 쾌적한 환경에서 생활할 권리를 가지며, 국가와 국민은 환경보전을 위하여 노력하여야 한다"고 규정함으로써 환경권을 인정하고 있다. 권리 접근은 기본권의 구체적 권리에 기초해 사법적 구제를 청구할 수 있다는 장점이 있다. 그러나 사법부는 정작 중요한 사회권적 측면을 적극적으로 인정하지 않는다. 과소보호금지원칙에서 벗어나고 있지 못하다. 헌법재판소는 환경권이 건강하고 쾌적한 생활을 유지하는 조건으로서 양호한 환경을 향유할 권리이며 자유권과 사회권의 종합적 기본권이라고 이해한다. 그러나 환경권 보호를 위한 입법이 없거나 현저히 불충분하여 국민의 기본권을 과도하게 침해하고 있는 경우, 즉 과소보호의 경우에만 헌법재판소에 구제를 구할 수 있다고 해석한다.[30]

대화문화아카데미는 환경권과 관련하여 현행 헌법을 유지한다.[31] 박태현은 "모든 국민은 건강하고 쾌적한 환경을 더불어 누릴 권리를 가지며, 국가는 또한 장래[미래] 세대에 대한 책임으로서 환경오염과 훼손을 예방하고 환경을 보전하고 향상시켜야 한다"는 방향으로 환경권 규정 개정을 제안한다. 또한 "공동 생명체로서 동물은 부당한

29 『야생의 법』, 320~321쪽.
30 헌재 2008. 7. 31. 2006헌마711.
31 『대화문화아카데미 2016 새헌법안』, 528쪽.

고통과 대우로부터 국가의 보호를 받는다. 동물보호단체는 법률이 정하는 바에 따라 동물의 이익을 위하여 동물의 보호와 이용에 관한 입법과 행정, 사법 절차에 참여할 수 있다"는 조항을 추가한다.[32]

인권은 사람과 사람의 관계에서 일어나는 작용이다. 자연의 권리는 자연의 관점에서 자연을 대리 또는 대표할 수 있는 사람들의 권리로서 자연을 훼손하고 착취하는 사람들에게 저항하고 자연의 권리를 옹호할 수 있는 권리다.[33] 자연에 인공의 힘을 가하는 것은 자연의 관점에서 다수의 결정과 법에 따라 해야 할 책무다. 반면 자연을 지킬 수 있는 권리는 누구나 주장하고 관철할 수 있어야 한다. 인권과 자연권은 동전의 양면이다. 다만 인권이나 기본권 또한 입법에 의한 구체화 혹은 법원이나 헌법재판소의 사법작용에 의한 확인 및 구체화가 필요하다. 개별 사건이 아닌 헌법체제의 패러다임 전환을 사법작용에 기대기는 어려울 뿐 아니라 바람직하지도 않다. 자칫 권리의 혁명성에도 불구하고 '사법적 틀에 갇힌 자연의 권리'로 퇴락하기 십상이다. 권리의 헌법적 실현을 담보하는 제도 보장이 뒤따라야 한다. 근대 법치주의의 신화였지만 환상으로 귀결한 사법적 해법은 역사적 제도의 결과일 뿐 보편적일 수도 조역사석일 수도 없다.

32 『헌법, 환경을 어떻게 담을 것인가?』, 18쪽.

33 정정훈은 오늘날 인권의 정치가 무엇보다 인간을 이 세계의 중심이자 특권적 존재로 상상하는 인간주의의 이데올로기에 대하여 투쟁하는 정치여야 함과 동시에 자본의 이윤을 곧 인간의 이익으로 내세우며 자연을 무참히 파괴해가는 개발주의와 투쟁하는 정치여야 한다고 역설한다. 정정훈(2014), 『인권과 인권들』, 그린비, 247쪽.

국가 목표 차원의 접근

국가 목표 또는 국가 책무 규정은 국가가 지향하는 목표와 방향을 특정하여 국가의 구체적 행위를 의무화한다. 국가 책무 접근은 헌법 차원의 접근이라기보다 법률 차원의 접근이기 때문에 권리 접근보다 정치적으로 더 선호한다. 점진적으로 접근할 수 있기 때문이다.

유럽연합 기본권 헌장 제37조는 "높은 수준의 환경보호 및 환경의 질적 개선은 유럽연합의 정책에 반영되어야 하고, 지속가능한 발전의 원칙에 따라 보장되어야 한다"고 규정하고 있다. 독일기본법 제20a조는 "국가는 미래 세대를 위한 책임으로서, 헌법 질서의 범위 내에서 입법을 통하여 그리고 법률 및 법이 정하는 바에 따라 행정과 사법을 통하여 자연적 생활 기반과 동물을 보호한다"고 규정하고 있다. 네덜란드 헌법 제21조는 "국가는 국토 환경을 인간의 생활에 적합하게 유지하고 환경을 보호 및 개선하기 위해 노력한다"고 규정하고 있다.

대화문화아카데미는 새헌법안 전문에서 "… 생명 존중과 생태보전 … 의 가치를 바탕으로"라고 선언하고,[34] 국가 책무 조항으로 "제139조 ① 국가는 국토의 천연자원 및 생태환경을 보전하고, 국토의 지속가능한 이용과 개발을 위해 필요한 정책을 수립하고 시행한다"고 규정한다.[35]

녹색전환연구소는 "제3조 ① 국가는 법률에 따라 동물과 식물을 포함한 생명체의 서식 환경을 보호해야 한다. ② 국가는 산, 들, 강, 바다를 포함한 생태계와 유무형의 문화유산을 미래 세대를 위해 보전해야 한다. ③ 국가는 자연의 복원력과 자연을 이용하는 수요가 지속

34 『대화문화아카데미 2016 새헌법안』, 514쪽.
35 『대화문화아카데미 2016 새헌법안』, 579쪽.

가능한 균형을 맞추도록 노력한다"는 조항 추가를 제안한다.[36]

박태현은 더욱 구체적인 개헌안을 제시한다. 헌법 제10조 제2항에 "모든 생명체의 존재가치는 존중되며 함부로 부정되어서는 안 된다. 국가는 법률이 정하는 바에 따라 생명가치를 최대한 보장하여야 하고, 또 이를 존중하는 문화를 육성하는 데 노력하여야 한다"를 추가한다.[37] 또한 헌법 제119조 경제질서 조항에 "생산과 소비의 기반이 되는 자연의 재생능력의 유한함에 대한 인식을 바탕으로"와 "자연의 순환 과정와 재생능력을 고려한 경제발전을 위하여"를 덧붙인다.[38] 그리고 헌법 제120조에 "생태적·경관적 가치가 큰 국토와 자연자원은 모든 국민의 공동 자산으로, 국가는 (공공)수탁자로서 법률이 정하는 바에 따라 이를 보전, 유지하여야 한다," "국민은 법률이 정하는 바에 따라 공동 자산의 보호를 구할 수 있다"는 조항을 담는다.[39] 헌법 제112조에서는 국가가 "국토의 효율적이고 균형 있는 지속가능한 보전과 이용, 개발을 위하여 법률이 정하는 바에 따라 환경에 관한 계획과 연계하여 계획을 수립"할 수 있다는 내용을 추가한다.[40]

헌법 이념에 따라 국가 목표를 설정할 수 있다. 다만, 법적으로 국가 목표 조항은 권리보다 약한 효력의 규범 또는 법적 구속력을 회피하는 입법기술의 수단으로 이해된다. 그러나 국가 목표는 사법적이지 않을 뿐 국가의 존재 이유이자 '민주적·정치적 규범'이다. 근대 자유주의 헌법은 모든 시민에게 개인의 자유를 인정하고 신분에 따라

36 『녹색 헌법』, 28쪽.
37 『헌법, 환경을 어떻게 담을 것인가?』, 16쪽.
38 『헌법, 환경을 어떻게 담을 것인가?』, 24쪽.
39 『헌법, 환경을 어떻게 담을 것인가?』, 26쪽.
40 『헌법, 환경을 어떻게 담을 것인가?』, 29쪽.

차별하지 않아야 하는 책무를 국가에게 부과했다. 현대 사회복지 헌법은 국가로 하여금 경제적 불평등을 완화하고 모든 사람에게 인간다운 삶을 보장하도록 명령했다. 이제 지구생태주의 헌법은 국가에게 영토 단위를 넘어 지구에서 공존의 삶을 모색하는 대내적·대외적 활동을 적극적으로 수행하도록 그 책무를 명한다. 그러나 입법을 통한 구체화, 사법을 통한 입법 견제 등 실현 가능성을 높이기 위한 제도화를 추가할 필요가 있다. '민주적·정치적 규범'을 보장하기 위한 헌법적 제도 설계는 지구법학 관점에서 헌법 패러다임을 구축하는 데 필수적이다.

헌법 이념·권리·원칙 차원의 접근

프랑스는 헌법에 지구생태주의 이념을 담았다. 2005년 3월 프랑스 의회는 정부가 2003년 6월 제안한 환경헌장을 헌법 전문에 추가하고,[41] 자연과 인류의 공존 원칙, 지속가능한 개발 원칙, 사전예방주의 원칙 등을 천명했다. 그 내용은 다음과 같다.

> 자연자원과 자연의 균형이 인류의 탄생을 조건 지웠고,
> 인류의 장래와 생존 자체가 자연환경으로부터 유리될 수 없으며,
> 환경은 인류의 공동재산이며,
> 인간은 생명의 조건과 스스로의 진화에 점증하는 영향력을 행사하며,
> 생물의 다양성, 개인의 발현, 인간 사회의 진전은 일정 형태의 소비 또는 생산과 자연자원의 과도한 개발에 의하여 영향을 받으며,
> 환경의 보존은 국가의 다른 기본적 이해관계와 마찬가지로 추구해야 하며,
> 지속가능한 개발을 확보하기 위하여 현재의 필요에 응하는 결정은 다음 세

41 이광윤(2009), 「프랑스 환경법전에 관한 연구」, 『환경법연구』 31(1), 228쪽.

대의 능력과 그들의 필요를 만족시키려는 다른 국민들의 능력과 타협하여서는 아니 됨을 고려하여 이렇게 선언한다.

프랑스 헌법은 권리와 의무도 구체화하여 규정한다.

- 제1조 각인은 균형 있고 각자의 건강에 적합한 환경에 살 권리를 가진다.
- 제2조 모든 사람은 환경의 보존과 개선에 참가할 의무를 지닌다.
- 제3조 모든 사람은 법률이 정하는 바에 따라 환경에 야기할 수 있는 침해를 예방 또는 제한해야 한다.

헌법 원칙으로도 구체화했다.

- 제5조 비록 과학적 지식 수준으로는 불확실하다 하더라도 환경에 대한 손해가 심각하고 돌이킬 수 없는 형태로 발생할 가능성이 있을 때 행정기관은 사전주의(précaution) 원칙을 적용하여 손해의 발생을 회피하기 위한 임시적이고 적절한 조치와 위험에 대한 평가 절차의 채택을 고려한다.
- 제6조 공공정책 당국은 지속가능한 발전을 증진해야 한다. 이를 위하여 공공정책 당국은 환경의 보호와 중요성을 인식하고 경제적 사회적 발전과 조화시킨다.

그러나 지구생태주의를 지향하는 모든 단위의 협력과 공동 행동 그리고 그것을 담당할 헌법기관과 국제기구의 설치 또는 설계까지 이르지는 못했다.

사법(司法) 차원의 접근

패러다임의 전환은 가치와 이념, 국가 목표의 전향, 권리주체의 확장, 권리 내용의 확충과 함께 국가조직의 변환을 요청한다. 국가 목표를 구현하는 헌법 구체화 입법의 부재는 사법적극주의를 강력하게 필요로 한다. 특히 권리는 법률상의 힘이고, 사법제도를 비롯하여 권리침해에 대한 구제제도를 통해 실현된다. 사법부는 다수결의 민주주의가 가지는 약점을 딛고 '올바른' 헌법 가치를 실현하는 매개 역할을 할 수 있다.

호주와 뉴질랜드, 미국 등은 환경특별법원을 설치했다. 인도는 2010년 수도 뉴델리에 국가녹색재판소(NGT: National Green Tribunal)를 설치했다. 인도 사법부와 인도법률위원회(LCL: Law Commission of India)가 환경법원 도입의 실패 경험을 바탕으로 제안한 결과다.[42] 국가녹색재판소 제도에는 환경 사건의 피해에 대하여 신속하고 공정한 해결을 도모한다는 취지에서 헌법상 국민의 환경권 보장, 오염원인자의 절대 책임, 강력한 환경피해 보상 및 구제 조치, 환경공익소송을 통한 제3자의 단체소송 및 집단소송, 환경 분야 전문가의 판결 참여 등 환경소송제도의 변화를 위한 다양한 시도들을 반영했다. 국가녹색재판소는 환경 피해자 중심의 보상 및 구제를 위한 환경분쟁 해결과 환경정의 실현을 위한 궁극적인 오염 원인 규명에서도 주요한 역할을 담당하고 있다.[43]

국가녹색재판소는 환경보호, 산림보전, 천연자원 보호와 관련

42 이지훈(2016), 「인도 환경법원의 도입에 대한 법적 고찰」, 『남아시아연구』 22(2), 143쪽.
43 「인도 환경법원의 도입에 대한 법적 고찰」, 143쪽.

된 모든 환경 사건에 대한 개인 피해, 재산상 피해, 환경적 피해의 보상과 구제를 제공하며 법적 권한을 집행함에 있어서 효과적이고 신속한 사건 처리를 제공하고 있다. 또한 환경 사건의 판결 과정에서 환경법의 일반원칙인 지속가능발전원칙, 사전예방원칙, 오염자부담 원칙을 적용한 오염원인자의 과실 책임을 인정하고 있다.[44]

인도 대법원은 인도 비렌더 가우르 대 하리아나주(Virender Gaur v State of Haryana 1995) 사건에서 인도 헌법 제21조의 생명권을 환경의 권리를 포함하는 기본권으로 해석하여 다음과 같이 판결했다.[45]

> 헌법 제21조는 국민의 기본권에 해당하는 생명권의 보호를 규정하고 있다. 인간이 존엄성을 가지고 살 권리는 삶을 향유하기 위한 물, 대기, 위생을 포함하며 환경보호와 보전 그리고 생태학적인 균형도 포함한다. 이러한 권리에 반하는 행위와 행동들은 오염을 야기한다. 따라서 환경오염, 생태오염, 대기오염, 수질오염은 헌법 제21조의 규정에 대한 위반으로 간주되어야 할 것이다. 그러므로 오염되지 않은 환경에서 삶을 향유할 권리는 생명의 권리의 일부이며 건강한 환경 없이 인간이 존엄성을 가지고 살 권리를 보장받는 일은 불가능하다. 따라서 인도 당국은 헌법적인 책무를 가지는 동시에 적절한 환경을 유지하고 보호해야 할 책무뿐만 아니라 자연환경과 인간에 의해 만들어진 환경을 보호하고 조장하며 향상하기 위한 적절한 조치를 취할 책무를 가진다.

권리는 법률상의 힘이다. 인권은 헌법상의 힘이다. 그러나 그 힘은 권리 또는 인권 자체에 있지 않다. 그것을 관철할 수 있는 힘은 지금 국민국가 또는 강대국에게 있다. 권리 또는 인권을 확인하고 보

44 「인도 환경법원의 도입에 대한 법적 고찰」, 155~156쪽.
45 「인도 환경법원의 도입에 대한 법적 고찰」, 145~146쪽.

호하는 법원의 힘은 국가체계 또는 국제체제를 넘어서기 어렵다. 그럼에도 불구하고 지구생태주의 관점에서 판단할 수 있는 전문 법원의 설치는 지구생태주의 헌법 이념과 국가 목표 그리고 생태주의 인권과 자연권을 옹호하며 국가의 생태 책무를 집행하게 하는 유력한 제도다. 다만 전통적인 법리 또는 법관에게만 의존한다면, 사법 차원의 접근 또한 한계를 드러낼 수밖에 없다.

국가조직 차원의 접근은 녹색전환연구소의 생태환경위원회 설치 제안에서 발견할 수 있다.

- 제133조 기후변화, 생물의 멸종, 방사능 오염 같은 생태환경의 위기를 방지하여 자연의 순환을 보전하고, 자연이 주는 혜택은 물론 자연 파괴의 책임과 파괴에 따른 피해를 공정하게 분배하기 위해 생태환경위원회를 둔다.[46]

헌법 차원에서 생태 관련 독립기구를 설치하는 것은 중요하다. 다만 그 위상과 권한은 헌법이 보장하는 선거관리위원회 또는 사법부의 그것 이상이어야 한다. 단순히 권한의 강화만을 의미하지는 않는다. 그 구성 원리와 운영 원칙 등이 지구의 존립 위기 '극복'에 필요하고 충분한 정도여야 한다는 것이다. 자연의 권리를 확인하고 보장하는 인권적·민주적 정당성에 비례하여 독립기구를 구성하고 운영해야 한다. 헌법의 근거를 마련하기 전이라도 법률 차원에서 생태 관련 업무를 담당하는 독립기구를 설치하는 것이 긴요하다.

46 『녹색 헌법』, 44쪽.

지구헌장과 지구 거버넌스 차원의 접근

클라우스 보셀만은 지구헌장(Earth Charter)을 미래 지구헌법에 대한 담론을 위한 출발점으로 삼는다. 그런데 순수한 이념으로서의 지구헌법(global constitution)과 새로운 형태의 국제법학으로서의 지구입헌주의(global constitutionalism)를 구별한다. 국민국가의 상호의존성이 창출하는 새로운 형태의 초국가적 제도가 지구입헌주의의 등장을 알리고 있다고 본다.[47]

보셀만은 지구 거버넌스의 주요 쟁점으로 지구와 생태계의 보호를 표현할 수 있는 정치, 법률, 거버넌스 구축 방안을 꼽는다. 그는 지구신탁제도를 제안하고, 국제법과 유엔이 신탁 거버넌스 조직을 개발할 준비가 되어 있다고 주장한다. 그 예로서 유엔신탁통치이사회, 세계보건기구, 세계무역기구 등의 모델을 제시한다. 환경신탁위원회로 쉽게 거듭날 수 있다는 것이다.[48]

다만, 그럼에도 불구하고 힘의 논리가 작동하는 국제법 또는 유엔을 활용하는 것이 지구생태 문제의 해결책으로 충분한가는 의문이다. 지구생태를 위협하는 주요 당사자가 중심이 되어 그 위협을 제거해가는 셈이기 때문이다. 소수의 강대국이 국제기구를 쥐락펴락하는 현실을 어떻게 넘어설 것인가 하는 고민은 과거를 참고하되 그것을 뛰어넘을 수 있는 방법론을 필요로 한다.

47 *The Earth Charter*, 239쪽.

48 클라우스 보셀만(2019), 「지구 거버넌스: 환경 수탁자로서의 국가」, 『자연의 권리와 생태적 전환』, 생태대를 위한 PLZ 포럼 2019, 41쪽.

지구법학 패러다임에서의 헌법학적 시론

지구법학에서 헌법학은 '지구'에 대한 헌법학이 아니라 헌법학에 대한 지구적 관점의 학문이다. 지구법학에서 헌법학은 헌법의 패러다임 전환, 즉 헌법 구조의 근본적인 전환을 모색한다. 규범의 영역 공간 차원에서 헌법은 분권지방주의, 국민국가주의, 평화국제주의의 과정을 거쳤다. 지구법학에서 헌법학은 지구법의 이념과 가치를 실현하기 위한 지구주의 헌법이다. 그것은 지구상의 모든 존재와 생명을 존중하는 생태주의, 생명주의 헌법이기도 하다. 헌법 및 국가체제 관점에서 '생태지구주의 헌법'이라 부를 수 있다.

지구주의 헌법학은 지구법학 패러다임을 수용하여 기존의 헌법학 패러다임의 전환을 모색해야 한다. 다만, 헌법 패러다임을 전환하려는 기존의 방법론은 서구의 근·현대 헌법 패러다임의 틀 안에서 전개되고 있다는 점에서 한계가 있다. 왜냐하면 기존 헌법 패러다임이 선점한 이념과 가치 그리고 제도 자체가 지구생태주의 헌법 이념과 충돌할 뿐 아니라 기존의 헌법 제도 또한 지구생태주의를 구현하기 위한 제도로서 적합하지 않기 때문이다. 몇 가지 고려해야 할 논점을 핵심어 중심으로 뽑았다.

지구주의 헌법의 가치와 이념

현재 헌법 패러다임의 핵심 가치는 인간의 존엄과 국제평화주의일 것이다. 지구생태주의 헌법은 그 핵심 가치를 확장하고 심화하는 과제가 있다.

① 생명을 넘어 모든 존재의 존엄과 가치

푸코는 '인간' 개념이 근대의 발견물임을 강조한다. 인권의 중심이 되는 인간의 존엄성을 푸코의 관점에서 보자면 이 존엄한 인간이란 사실 특정한 역사적 시기에, 특수한 앎의 배치 속에서 만들어진 관념일 뿐이다.[49] 자연 안에 존재하는 모든 양태들, 즉 개체들은 자립적이고 자기완결적인 실재가 아니다. 그리고 이는 인간의 경우에도 마찬가지다. 모든 개체성은 곧 관개체성(trans-individualite)이라는 스피노자의 논리처럼 모든 개인은 관개인적 존재이다. 스피노자에게 있어서 타자를 배제함으로써 자신의 고유성과 자기성을 획득하는 그런 개인은 성립할 수 없다.[50]

현대 헌법에 이르기까지 인류가 발견한 최고의 가치 개념이 '인간 존엄'이었다면, 지구생태주의 헌법에서 최고의 가치 개념은 '생명의 존엄과 가치'다. 인간만의 우월성이 아니라 모든 생명의 존엄과 가치를 인정하고 확인하며 보장하는 존재론이 지구헌법학의 최고 이념이자 가치다. 궁극적 지향점은 모든 유일한 존재자들의 근거지로서 지구 자체의 존엄과 가치를 인정하는 것이다. 그것은 인류의 책무로 귀결한다.

② 지구평화주의 원칙

20세기 초 양차 세계대전 후 인류는 국가 간 침략전쟁의 금지 원칙을 세웠을 뿐이다. 그러나 여전히 침략전쟁은 일어난다. 지구평화주의는 국가와 국가, 인종과 인종, 민족과 민족 등의 관계에 머무르지 않고, 인간과 다른 생명체 그리고 모든 존재의 평화를 아우르며, 지구에 대한 모든 약탈과 훼손을 반대한다.

49 『인권과 인권들』, 210쪽.
50 『인권과 인권들』, 223쪽.

국제인권법이 국가주권의 평등보다 인권을 우위에 놓았듯이, 지구평화주의는 지구 자연의 권리와 지구 자체의 평화를 그 무엇보다 우선해서 지향한다. 지구에서 벌어지는 자연생태 파괴 그리고 그에 따른 인간을 비롯한 모든 생명의 파괴를 중지하도록 하는 것이 지구평화주의의 시급한 과제다. 지속가능개발이 아니라 지구 자체를 지속할 수 있는 원칙이 중요하다. 다수의 지배가 아니라 지구 자연의 관점에서 지구생태주의를 옹호할 수 있는 사람들에게 더 많은 민주주의를 부여해야 한다. 소수라고 하더라도 단 한 사람이라고 하더라도 생태 보존을 위한 외침에 귀 기울이는 제도를 만들어야 한다.

지구주의 헌법의 자연권과 인권 그리고 책무

① 자연권

국가와 기업 그리고 개인은 지구가 지구상 모든 존재의 불가결·불가침의 근거임을 확인하고 존중하며 그에 상응하는 책무를 진다. 누구나 모든 생명을 비롯한 지구 훼손 방지 원칙과 지구를 방어할 수 있는 권리가 있다.

국가와 기업은 지구 생태계의 본질적 내용을 침해해서는 안 된다. 국가는 과학·기술·경제 등 모든 개발에서 생태 보전의 무해성 또는 최소 침해 그리고 동등 대안을 입증하지 않으면 안 된다. 기업은 생산과정에서 기업의 이윤과 지구영향평가의 연동 원칙을 준수해야 하며, 그 부담을 소비자 또는 시민에게 전가해서는 안 된다. 지구온난화, 기후변화, 동물권 등에 대한 영향평가와 그에 따른 보전 정책은 정치, 경제, 건설, 건축, 농·어·축산업 등 모든 인간 활동에서 이루어져야 한다.

지구 생태계를 훼손하는 범죄는 가장 중한 죄 중 하나로 처벌한다. 한국에서 그 예를 들면, 관련 법제는 천성산 터널 사건(일명 '도롱뇽

사건'), 4대강 사업, 밀양 송전탑 사건, 제주 강정 해군기지 건설 등 과거 사건의 진상을 조사하고, 정책적 침해자에게 법적 처벌·징벌 배상을 넘어 정치적·경제적 책임을 지우며, 생태계 훼손 재발 예방책을 마련하는 등의 내용을 담는다.

기업 또는 법인이 지구의 권리 또는 자연의 권리를 침해하는 것으로부터 누구나 자연을 위하여 방어권과 청구권을 행사할 수 있는 법제를 갖추어야 한다. 소비자의 윤리나 권리가 아니라 지구를 대표하는 사람들의 권리이자 주권이다. 기업 또는 법인은 권리의 주체가 아니라 헌법적 책무의 주체, 즉 수범자(수규자)다.

② 자연의 권리와 인간의 책무

천동설이 아니라 지동설이 옳다. 인간을 중심으로 세상이 돌아가는 게 아니라 자연의 섭리 속에 인간이 존재한다. 인간의 자기중심주의가 아니라 인간으로서 무엇을 할 것인가에 대한 자기인식이 절실하다. 인간은 국가와의 권력관계에서 가지는 기본권과 기본 의무에 대응하여 자연에 대한 기본 책임이 있다.

한스 요나스(Hans Jonas)의 경우, 모든 환경문제에 대해 인간은 권력을 가짐과 동시에 그 권력을 가지고 위험을 행사할 수 있기 때문에 자연에 대해 책임져야 할 의무를 가지고 있다고 이해한다. 요나스는 책임을 다음과 같이 분류한다.[51] 첫째, 상호 간의 책임과 일방적 책임(비호혜적 관계)이다. 둘째, 자연적 책임과 계약에 의한 책임이다. 셋째, 스스로 선택한 정치인의 책임과 선택하지 않은 책임이다. 넷째, 특

51 양해림(2013), 『한스 요나스(Hans Jonas)의 생태학적 사유 읽기』, 충남대학교출판문화원, 52~54쪽 참조.

수한 책임과 총체적 책임이다.

인권은 '인간 아닌 존재'로 취급받았던 사람들의 인간 선언이다. 지구의 권리는 그런 점에서 인권의 이념과 일맥상통한다. 지구의 권리는 '인간이 인류에 대해 인류 외 존재가 동등한 관계임을 선언·맹세'하는 것이다.

③ 공존의 권리와 책무: 필요최소한의 생존권

인간을 위한 지구 자연의 개발 또는 변형은 인류가 생존하기 위해 필요최소한의 범위에 한정한다. 신자유주의적 세계화가 초래한 지구적 문제와 소외를 절감하고 생존 문제를 제기하며 '새로운 지구생태민주주의'를 모색하는 사람들이 최우선의 결정권을 행사하도록 한다. 인간을 비롯한 생명체의 모태인 지구 자연물을 사유화하려는 모든 권력의 공세에 맞서 지구 자연과 공존하는 권리(재산권이 아닌 생존권)를 위해 싸워야 한다.[52] 지구상의 모든 생명은 지구가 생명을 뒷받침할 활력을 가지고 있느냐와 생물다양성을 얼마나 보존할 수 있느냐에 달려 있다. 이것은 인류도 당연히 지구 생명의 일원이므로 인류 공동의 문화와 지식을 공동 유산으로 보존하고 아울러 문화적 다양성이 유지되고 발전할 수 있도록 촉진함을 포함한다. 환경과 먹을거리 등에서 '예방의 원칙'이 엄격하게 준수되어야 한다. 즉 "심각하거나 돌이킬 수 없는 피해의 위협이 존재하는 경우에 그 위협이 과학적으로 완전히 확실하게 입증되지 않았다는 이유로 예방조치를 지연시켜서는 안 된다"

52 톰 아타나시오, 폴 베어, 하비 와서만, 김현구 옮김(2005), 『탄소주권 에너지 전쟁』, 모색, 149쪽.

는 것이다.[53]

최근 공유재 또는 공유를 말한다. 그러나 이는 아직 재산권과 소유권의 패러다임 안에 있다. 현대 사회복지 헌법은 헌법 의무와 공공복리를 위해 재산권을 인권의 위상에서 끌어내려 공공복리에 적합하게 행사하도록 제한해야 한다. 소유권은 긴절한 국민 생활을 위해 배제하거나 제한할 수 있는 권리일 뿐이다. 지구헌법학에서는 지구에서의 공존과 공생을 위해 무엇보다 재산 및 소유 관념 그리고 제도를 지구생태주의 관점에서 불인정하거나 통제할 수 있는 제도적 장치를 마련해야 한다.

지구주의 헌법의 기본 제도

헌법은 기본적인 이념과 원칙 그리고 권리의 규범을 준수하게 하고 보장하기 위하여 권력을 구성하고 조직하며 작동하게 하는 규범이다. 기존의 정부 조직 또는 공적 기구는 지구헌법 원칙을 실현하기에 적절한 이념과 목표 그리고 조직을 가지고 있지 못하다. 지구헌법 원칙을 구현할 수 있는 조직과 제도의 창설은 불가피하다.

권리의 문제는 필연적으로 사법적 판단으로 귀결한다. 한편으로는 사법의 적극적 역할을 기대할 수 있다. 그렇지만 어떻게 해도 실정법을 넘어서는 해석은 쉽지 않다. 법 위의 생태 가치를 확인하면서도 입법·행정·사법·외교의 실질적 권한을 향유할 수 있는 독립된 헌법기관이 필요한 까닭이다.

따라서 독립된 헌법기관을 설치하여 지구헌법의 과제와 실천

53 세계화국제포럼(2008), 『더 나은 세계는 가능하다』, 필맥, 146~147쪽.

전략과 이행 점검을 수행하도록 해야 한다. 독립된 헌법기관은 시민사회에 터 잡고 있으면서 다른 국가기관에 대해 법적 구속력 있는 결정권 또는 권고적 권한을 가져야 한다. 외교적 권한은 지구 거버넌스의 책무배분론과 책무이행론을 담보하기 위함이다. 이러한 헌법기관은 자연생태의 보전과 생명 존중, 지구온난화와 기후변화, 동물의 보호 등의 정책을 수립·조정·평가·개선하고 대외적 협력관계를 구축하며 자연생태 보전의 교육을 담당하는 업무를 수행함과 아울러 관련 업무에 관한 준입법적·준사법적 권한을 가져야 한다.

그 밖에도 다양한 제도적 뒷받침이 필요하다. 몇 가지 제도를 거칠게 생각해볼 수 있다. 첫째, 자연생태 보전을 위해 모든 존재의 이해관계를 대의하는 지구생태시민회의를 조직하여 국회와 긴밀한 협력관계를 구축한다. 기존 국회를 활용할 수 없는 이유는 새로운 구성 원리와 운영 원리에 따라야 하기 때문이다. 둘째, 지구생태를 지키기 위해 전체 예산 중 일정 비율의 예산을 투여하여 국·공유 재산을 확장한다. 공적 자금을 활용하여 에너지 등 기업의 생태 친화적 방향을 유도한다. 셋째, 독립된 헌법기관에 상응하여 국회에 독립된 상임위원회를 설치한다. 이 상임위원회는 기존 국회와의 매개 구실을 하기 위한 시민회의체의 위원회다. 마지막으로 환경법원을 넘어서는 녹색재판소를 독립된 사법기관으로 설치한다. 녹색재판소 역시 실체법적으로나 소송법적으로 기존의 체계와 법리가 달라야 한다.

지구주의 헌법의 국가 및 지구 관념

당장 국민국가 단위를 넘어 지구 공동체 관점에서 지구생태의 문제를 풀어가는 것은 쉽지 않다. 지구헌법학의 목표는 지구 차원의 존속을 지향하는 국가로 재구성하는 것과 국가를 넘어 정치·경제·사회·문화의 독립·자치 단위를 구성하는 것이다. 각 단위의 목표는 성장·발전·번영에서 지속성으로 전환한다.

자본주의국가는 지구를 분할하여 영토로 '인클로저(enclosure)' 했다. 이제는 지구를 사유화하는 자본과 국가의 권력을 통제하고 민주화함으로써 공공성을 복구해야 한다. 영토와 사유지의 분할과 독점을 넘어 불가분·불소유(不所有)·불가침의 지구 공존체로 전환해야 한다.

지구는 고도로 다양하게 분화(differentiated)되었으면서도 단일한(a single) 공동체다.[54] 레오폴드의 '대지윤리(a land ethic)'는 "인류의 역할을 땅의 공동체의 정복자에서부터 그 평범한 한 구성원이며 시민으로 변화시킨다. 그것은 그의 동료 구성원들을 존중할 뿐 아니라 땅의 공동체 자체를 존중하게 만든다."[55]

지구는 어느 누구의 것이어서도 안 된다. 배타적 국민(국가) 범주의 주권 속박을 넘어 '사람이 곧 주권자 민'('인-민'과 '자연민'의 공화)인 체제로 전환해야 한다. 현재의 생태 위기를 극복할 수 있는 지구헌법학의 방향은 인간 상호 간의 관계를 넘어 인간과 자연의 관계로 확장해야 한다.[56] 독점적·경쟁적 주권에서 상호부조의 법리로 전환해야 한다. 따라서 국가를 비롯한 모든 단위는 지구 공동의 보편적인 헌법 원칙을 확립해야 한다.

54 『황혼의 사색』, 62쪽.
55 『황혼의 사색』, 37쪽.
56 『한스 요나스의 생태학적 사유 읽기』, 머리말.

지구주의 헌법체제로의 전환기 정의론

전환기 정의(transitional justice)는 흔히 이행기 정의로 번역한다. 한국의 역사적 경험으로는 과거 청산 개념에 부합한다. 즉 과거 독재 및 권위주의 체제에서 민주주의체제로 이행하는 과정에서 반드시 청산해야 하는 과거의 오류 및 상처를 말한다. 전환기 정의 원칙을 정리하면, 과거에 무슨 일이 있었는지 밝히는 진실 규명, 어떤 문제가 있는지 따지는 가치 판단, 과거의 다양한 책임 소재 확인, 회복적 정의 관점에서의 치유와 배·보상 등 사후정의(事後正義) 실현 조치, 미래지향 관점에서의 기억·재발 방지·개선 조치와 '용서' 그리고 '화합'의 과정 등이다.

헌법적 관점에서는 '체제 변화'라고 말할 수 있을 정도로 과거와 현재의 체제 단절이 있어야 한다. 그것은 한편으로는 단절면으로 존재하기도 하지만, 다른 한편으로는 단절하는 과정을 적극적으로 요하기도 한다. 그런 점에서 '민주화'가 가진 의미와 맞닿아 있다. 체제 단절은 헌법 문언, 헌법 해석, 헌법 제도 등 다양한 차원에서 존재하지만, 체제 전환의 헌법 의지 또한 요청한다.

전환기 정의는 과거의 문제가 아니다. '과거·현재·미래는 하나의 통일체'다.[57] 그렇다면 지구생태주의 헌법으로 전환하기 위한 지구헌법 차원의 생태적 이행기 정의론이 필요하다. 그 필수적인 첫 번째는 현 상황에 대한 진단이다. 하나의 예로서 유엔의 정부간 기후변화위원회(IPCC)는 2007년도 제4차 평가보고서에서 지난 50년간 관찰한

57 김동춘(2006), 「해방 60년, 지연된 정의와 한국의 과거청산」, 『시민과 세계』 8, 206쪽 재인용.

지구온난화의 대부분은 인간의 활동 때문이라고 밝혔다. 주로 산업혁명 이후 화석연료 및 토지개발과 관련한 인간의 활동이 원인이었다.[58] 안드레 블첵(Andre Vltchek)이 말한 것처럼, 유럽이 오늘날 상대적으로 여유로운 복지사회를 이뤄낸 배경에는 그 옛날 제국주의 식민지 시대에 수많은 가난한 나라의 민중과 자연을 무참히 수탈한 역사가 있다.[59] 따라서 지구적 정의는 '선진국' 및 자본의 지구에 대한 선취와 훼손 그리고 약탈에 대한 고백을 전제로 한다. 한스 요나스는 인간이 자연을 훼손했으면 도덕적 책임뿐만 아니라 법적인 책임까지 져야 한다고 역설했다.[60]

두 번째는 지구 훼손에 대한 책임과 의무의 배분과 그 실천이다. 이 또한 이른바 선진국과 자본을 향한다. 그 내용은 지구의 생명시스템을 파괴한 종자학살(biocide)과 지구학살(geocide)의 책임[61]과 향후 지구에 대한 회복적 정의를 구현해야 할 의무와 그 이행을 담보하는 일이다.

세 번째는 지구 파국 예방의 과제를 설정해야 한다. 한스 요나스의 책임 개념은 인간 존재의 본질과 연관하여 전체적인 관점에서 그리고 연속성이라는 관점에서 미래를 예견할 수 있는 공동점을 발견해야 함을 의미한다. 그것은 유토피아적인 구원을 예언하는 것이 아니라 불행한 예언에 주의를 기울여서 미래의 불행을 예방하는 것이다.[62] 그 책임은 동시대를 살아가는 이웃이나 가까운 자연환경과 같은 직접

58 『한스 요나스의 생태학적 사유 읽기』, 머리말.
59 『여유롭게 살 권리』, 다시봄.
60 『한스 요나스의 생태학적 사유 읽기』, 머리말.
61 『황혼의 사색』, 55쪽.
62 『한스 요나스의 생태학적 사유 읽기』, 65쪽.

적 대상뿐만 아니라 시·공간적으로 멀리 떨어져 있는 사람들과 현재는 물론 미래를 살아갈 세대에 대한 책임까지 광범위하게 포함하고 있다.[63]

마지막으로 '지구생태보호 동맹체제'가 필요하다. 클라우스 보셀만이 제안하는 지구헌장은 당연히 초국가 차원의 것으로 그 주체가 누구일 것인지가 핵심적인 문제로 남는다. 단순히 국가들의 집합체일 수는 없다. 어떤 의미에서는 지구헌장과 다른 차원의 '지구생태주의 선언들'이 필요하다. 그것은 한편으로 프랑스혁명의 '인간과 시민의 권리 선언' 또는 러시아혁명의 '노동 피착취 인민의 권리 선언' 같은 패러다임을 바꾸는 선언이어야 한다.

지구생태주의 선언은 맹세다. 맹세는 '서양의 역사에서 정치적 약속의 기초'다.[64] 히에로클레스는 맹세가 법을 완성하는 원리라고 했다.

> 우리는, 법(칙)(nomos)이란 언제나 일정한 작용인 바 그것을 매개로 신께서는 영원하고도 변함없이 모든 것을 실존케 하신다는 것을 이미 보여준 바 있다. 그러므로 이러한 법(칙)에 따라 모든 사물(사태)을 동일한 상태로 보존하며(diatērousan) 그것들을 안정시키는 것을 우리는 맹세(horkos)라고 이른다.[65]

63 『한스 요나스의 생태학적 사유 읽기』, 36쪽.
64 파올로 프로디(1992), 『권력의 성사』, 11쪽. 조르조 아감벤, 정문영 옮김(2012), 『언어의 성사(聖事)』, 새물결, 15쪽에서 재인용.
65 『언어의 성사』, 16쪽에서 재인용.

키케로는 맹세의 의무는 맹세를 위반하는 경우 책임을 지는 문제라고 말한다. 의로움과 신의에 따르는 책임을[66] 확인하고 보장하는 것이다.[67] 맹세는 새롭고 고유한 어떤 책임을 산출하는 게 아니라, 사실상 유효한 이전의 책임에 부가적으로 따르는 보증으로서 적용된다.[68]

따라서 지구생태주의 선언은 하나의 선언이 아니다. 국가 단위 또는 국가 간 단위(international) 선언이 아니다. 오히려 국가 단위 또는 국가 간 단위를 향한 선언이어야 한다. 자본주의든 사회주의든 개발주의체제를 향한 선언이다. 과거 합법을 가장한 것까지 포함하는 '불법'적 지구 훼손에 대한 책임을 묻는 선언이다. 지금 지구 생태계를 위협하는 정도에 따라 책임을 묻는 선언이다. 생태파괴적인 소비자 행태에 앞서 생태파괴적인 물질·물품 등의 생산자인 기업들, 특히 초국적 단위의 기업들에 대한 지구생태 책임을 묻는 선언이다.

지구생태주의 선언은 권리 선언뿐만이 아니라 책무 선언을 동반한다. 동물권과 자연의 권리를 헌법적으로 인정하는 것도 중요하지만, 그것에 상응하는 국가 및 자본(기업)의 책무를 어떻게 제도화하여 담보할 것인가의 문제다. 그것은 지구상 다른 존재에 대한 인간의 책무, 개발도상국에 대한 선진국 및 에너지 대량 소비국의 책무, 자본주의든 사회주의든 산업·개발주의체제의 책무를 어떻게 구체화할 것인가의 문제다.

66 『언어의 성사』, 17쪽에서 재인용.

67 『언어의 성사』, 18쪽. 대한민국 헌법 제10조는 개인이 가지는 불가침의 기본적 인권을 확인하고 보장할 의무를 국가에게 지우고 있다. 지구생태주의 맹세는 국가를 향하여 모든 존재들이 책임을 진다는 선언이다. 특히 사람은 가장 먼저 앞장서서 가장 큰 책임을 진다는 맹세다.

68 푸펜도르프: 『언어의 성사』, 21쪽에서 재인용.

방법론적으로는 지구생태의 관점에서 현실을 진단하고 미래를 전망하며 현실을 변화시킬 새로운 지구 거버넌스의 터를 다져야 한다. 지구 거버넌스는 모든 주체를 형식적 평등의 주체로 만들 뿐 일정 주체들의 실질적 불평등을 감추는 관계여서는 안 된다. 한국의 경우 거버넌스는 통치의 관점에서 시민사회와 협동을 표방하지만, 사실상 세련된 동원 체제를 구축한다. 이러한 경향성과 단절해야 한다.

지구 거버넌스는 '선발 개발주의 지역'과 '후발 비개발(非開發) 지역'과의 회복적 정의를 바탕으로 한 전환기 정의(transitional justice)에 입각해야 한다. 지구생태의 보전 차원에서 각 지역에서의 불평등을 적극적으로 해소할 수 있는 연결 체계여야 한다. 회복적 정의는 단순히 과거의 잘못에 대한 금전적 배·보상 문제가 아니다. 지구생태의 보전에 기여한 헌신을 인정하는 명예 문제가 먼저다. 지구생태를 보전하면서 살아온 사람들은 미개발 또는 미문명화가 아니라 생태 문명의 선구자로서 자리매김해야 한다.

나가며

폭력적 권력으로 추동하는 국제사회의 현실 속에서 강대국과 자본에 대해 지구의 이름으로 정의를 관철하는 것은 현실적으로 불가능에 가깝다. 그러나 모든 인간, 모든 생명은 죽음이라는 필연 앞에서도 삶을 살아간다. "숨 쉬는 한, 나는 희망한다(Dum spiro spero)."[69] 그러기에 꿈

69 지그문트 바우만이 미래를 대하는 태도다. 인디고 연구소(2014), 『희망, 살아 있는 자의 의무: 지그문트 바우만 인터뷰』, 궁리, 205쪽.

을 꾸고 말을 하며 담론을 형성하고 행동하고 실천하는 중에 현실을 변화시킬 수 있는 '역사적 힘'이 나온다. 지구에 존재하는 모든 존재들을 대표하여 함께 지구적 결정을 하고자 하는 '사람들의 목소리'야말로 그 원동력이자 지구법학과 지구헌법체제를 구축하는 토대다.

참고문헌

강수돌(2015). 『여유롭게 살 권리』. 다시봄.

김동춘(2006). 「해방 60년, 지연된 정의와 한국의 과거청산」. 『시민과 세계』 8. 203~224쪽.

녹색전환연구소(2018). 『녹색 헌법: 개헌에 신중한 당신에게 띄우는 서른 통의 편지』. 이매진.

대화문화아카데미(김문현·김선택·김재원·박명림·박은정·박찬욱·이기우)(2016). 『대화문화아카데미 2016 새헌법안』. 대화문화아카데미.

박태현(2011). 「'기후변화와 인권'에 관한 시론: 지금까지 논의현황과 향후 과제」. 『동아법학』 52. 285~315쪽.

박태현(2017). 「생태헌법의 제안」. 『헌법, 환경을 어떻게 담을 것인가?』. 시민환경연구소·환경법률센터 주최. 월드컬쳐오픈코리아 W스테이지. 8~31쪽.

세계화국제포럼(International Forum on Globalization), 이주명 옮김(2008). 『더 나은 세계는 가능하다: 세계화, 비판을 넘어 대안으로』(확대개정판). 필맥.

양해림(2013). 『한스 요나스(Hans Jonas)의 생태학적 사유 읽기』. 충남대학교출판문화원.

오동석(2019). 「지구헌장과 거버넌스, 그리고 헌법에서의 구현」. 『자연의 권리와 생태적 전환』. 생태대를 위한 PLZ 포럼 2019. 강원도 인제군·양구군 주최. 51~70쪽.

이광윤(2009). 「프랑스 환경법전에 관한 연구」. 『환경법연구』 31(1). 227~253쪽.

이재승(2016). 「대칭성 법학」. 『민주법학』 61. 11~48쪽.

이지훈(2016a). 「인도에서 국제환경법의 적용과 환경 관련 소송」. 『남아시아연구』 22(1). 한국외국어대학교 인도연구소. 107~134쪽.

이지훈(2016b). 「인도 환경법원의 도입에 대한 법적 고찰: 국가녹색재판소의 출현」. 『남아시아연구』 22(2). 한국외국어대학교 인도연구소. 141~176쪽.

인디고 연구소(2014). 『희망, 살아 있는 자의 의무: 지그문트 바우만 인터뷰』. 궁리.

정정훈(2014). 『인권과 인권들: 정치의 원점과 인권의 영속혁명』. 그린비.

조르조 아감벤(Giorgio Agamben), 정문영 옮김(2012). 『언어의 성사(聖事): 맹세의 고고학』. 새물결.

칼 슈미트(Carl Schmitt), 최재훈 옮김(1995). 『대지의 노모스: 유럽 공법의 국제법』. 민음사.

칼 슈미트(Carl Schmitt), 김남시 옮김(2016). 『땅과 바다: 칼 슈미트의 세계사적 고찰』. 꾸리에.

코막 컬리넌(Cormac Cullinan), 박태현 옮김(2016). 『야생의 법: 지구법 선언』. 로도스.

클라우스 보셀만(Klaus Bosselmann), 진재운·박선영 옮김(2011). 『법에 갇힌 자연 vs 정치에 갇힌 인간』. 도요새.

클라우스 보셀만(Klaus Bosselmann)(2019). 「지구 거버넌스: 환경 수탁자로서의 국가」. 『자연의 권리와 생태적 전환』. 생태대를 위한 PLZ 포럼 2019. 강원도 인제군·양구군 주최. 30~48쪽.

토마스 베리(Thomas Berry), 맹영선 옮김(2013). 『지구의 꿈』. 대화문화아카데미.

토마스 베리(Thomas Berry), 박만 옮김(2015). 『황혼의 사색』. 한국기독교연구소.

톰 아타나시오(Tom Athanasiou), 폴 베어(Paul Baer), 하비 와서만(Harvey Wasserman), 김현구 옮김(2005). 『탄소주권 에너지 전쟁』. 모색.

파블로 솔론(Pablo Solon), 크리스토프 아기똥(Christophe Aguiton), 주느비에브 아잠(Genevieve Azam), 앨리사벳 페레도 벨트란(Elizabeth Peredo Beltran), 김신양·허남혁·김현우 옮김(2018). 『다른 세상을 위한 7가지 대안: 비비르 비엔, 탈성장, 커먼즈, 생태여성주의, 어머니지구의 권리, 탈세계화, 상호보완성』. 착한책가게.

프리초프 카프라(Fritjof Capra), 김용정·김동광 옮김(1998). 『생명의 그물』. 범양사.

프리초프 카프라(Fritjof Capra), 우고 마테이(Ugo Mattei), 박태현·김영준 옮김(2019). 『최후의 전환: 지속 가능한 미래를 위한 커먼즈와 생태법』. 경희대학교출판문화원.

한스 요나스(Hans Jonas), 이진우 옮김(2010). 『책임의 원칙: 기술 시대의 생태학적 윤리』. 솔.

한스 요나스(Hans Jonas), 이유택 옮김(2014). 『기술 의학 윤리: 책임 원칙의 실천』. 솔.

Cullinan, Cormac(2011). *Wild Law: A Manifesto for Earth Justice*. Chelsea Green Publishung. 2nd Edition.

Bosselmann, Klaus(2011). *The Earth Charter: A Framework for Global Governance*. A Framework for Global Governance. KIT Publishers.

제7장

지구법학과 경제법

강정혜

◇◇◇◇

들어가며:
새로운 법 영역 출현의 필요성

법은 우리 생활의 모든 영역과 범위를 아우르나 특히 경제 영역을 다루는 법을 일반적으로 경제법이라 부른다. 그런데 이 경제법은 오랜 역사를 가진 것이 아니라 근대에 이르러 경제 영역에서 다루는 문제점을 해결하기 위하여 태동한 것으로서 일천한 역사를 가지고 있다.

경제법이 논의되기 시작한 것은 산업자본주의의 발달로 근대 산업사회가 형성된 20세기 초 대기업, 노사문제, 카르텔 또는 콘체른 등과 같은 새로운 법 현상에서 야기되는 문제를 전통적인 법학으로서는 해결할 수 없게 되었기 때문이다. 이에 대한 해결책으로 전통적인 법이론이 산업적인 기업에서 어떻게 재구성되고 보완되어야 하는지를 검토하면서부터 경제법이라는 새로운 법 영역이 탄생하게 된다.[1] 그리하여 각국은 자국이 설정한 경제 기본 질서에 부합하는 방향으로 경제를 규제하는 법 제도나 규범을 만들어왔고 발전시켜왔는데 이를 총칭하여 경제법이라고 한다. 우리나라의 경우, 대표적인 경제법으로는 독

1 권오승(2015), 『경제법』, 법문사, 3쪽.

점규제법, 중소기업 관련법, 소비자보호 관련법 등을 들 수 있다.

이와 같은 연유로 태동되고 발전된 경제법은, 일반적으로 규제적인 내용을 담고 있으나, 새로운 경제질서를 조장하고 촉진하는 내용도 담고 있다. 법은 그 내용과 형식이 규제이든 촉진이든지 간에 당시 법이 처했던 시대의 현실에 터 잡아, 법의 이념과 정신을 실현시키기 위하여 구체적인 실정법의 형태로 그 이념과 정신을 실행해나가기 때문이다.

새로운 문제들

20세기 초 경제법이 태동한 이래, 각국이 설정한 경제 기본 질서의 틀 속에서 스스로 정당하고 정의롭다고 생각하는 경제 법질서를 옹호하고 문제점을 시정하기 위하여 규제적으로 만들어 시행하는 경제법조차도 오늘날의 새로운 현상 — 그것이 경제 현상에 한정되지는 않지만 — 을 규율하기에는 충분하지 않다. 기존의 경제법은 태동 당시의 시대적 소임을 다하고 계속하여 발전되어 왔지만, 오늘날 경제 영역에서 일어나는 새로운 문제를 해결하기에는 어려움에 봉착해 있다. 기존의 경제법은 오늘날 발생하는 문제들의 일정 부분만을 해결할 수 있을 뿐이다.

새로이 발생되고 있는 문제들은 경제 문제임에도 불구하고 더 큰 범위인 지구적인 문제와 얼기설기 얽혀 있다. 오늘날 경제 영역과 지구 자연 세계와의 갈등 상태 — 환경오염, 어업의 붕괴, 숲의 축소, 토양침식, 초지의 황폐화, 사막의 확대, 이산화탄소의 농도 증가, 지하수위 하락, 기온 상승, 폭풍 강도의 강화, 빙하의 해빙, 해수면 상승, 산호초의 죽음, 생물종의 멸종 등 — 라는 시대적 문제[2]는 기존의 경제법

2 레스터 브라운, 한국생태경제연구회 옮김(2003), 『에코 이코노미』, 도서출판 도요새, 22쪽.

으로서는 해결할 수 없으므로 오늘날의 시대는 새로운 법 영역의 출현을 요구한다.

또한 현대의 소비사회는 더 많이 벌고 더 많이 소비해야 행복하다는 믿음을 강요한다. 더 벌어들인 소득으로 동일한 의도를 가진 타인들과 경쟁하면서 소비하므로 그 결과 모두가 더 많이 소비하나 아무도 더 나아지지 않고, 더 벌기 위해 노력해야 하고 쇼핑과 소비를 위해 시간을 더 많이 써야 하기 때문에 다른 데에 시간을 쓰지 못하며, 매일매일 소비하라는 수백 가지 메시지 광고의 타깃이 되는 한편 온라인상의 활동으로 맞춤화된 정보에 노출되는 과소비사회에 살고 있다.[3] 그러한 소비 위주의 사회는 지구의 자원이 무한함을 전제한다. 그러한 사회에서는 '시민'보다는 '소비자'가 국가의 주민을 가리키는 의미로 더 많이 사용된다.[4] 제어되지 않는 탐욕과 유한한 지구 자원과의 갈등은 필연적이다. 그러므로 오늘날의 새로운 문제들은 우리로 하여금 새로운 시각과 생각을 갖도록 한계상황으로 떠민다.

이뿐만 아니라 식품, 섬유, 목재, 채굴 연료와 각종 광물 등 농촌의 생산물로 만들어진 돈은 대부분 다른 지역, 다른 사람들의 수중으로 흘러 들어가며, 농장과 삼림이 산업적으로 '발전'하는 패턴은 연소와 배출의 원리를 기본으로 하고 있는 바, 농촌 경제는 자급자족의 지역 경제에서 이른바 '소비경제'로 대체되면서 멀리 떨어진 시장과 운송된 제조품들 그리고 대출금에 대한 무력한 의존이 불가피하게 되었

3 Peter A. Victor(2019), *Managing Without Growth: Slower by Design, Not Disaster*, Edward Elgar, pp. 337-338.

4 패트릭 J. 드닌 , 이재만 옮김(2019), 『왜 자유주의는 실패했는가』, 책과함께, 91쪽.

다.[5] 인간의 욕구가 만족할 줄 모른다는 것과 세계가 유한하다는 것, 이 두 가지 이유 때문에 우리는 현대적 의미에서 진정으로 자유로울 수 없고, 결코 만족할 수 없으며, 욕구를 채우기보다 욕구에 영원히 휘둘릴 것이며, 그 무한한 욕구를 채우려다가 순식간에 지구를 거덜 내고 말 것이다.[6]

앞서 본 경제법마저도 20세기 초 경제 영역에서 발생하는 시대적 상황을 해결하기 위하여 탄생한 것이라면, 오늘날 전 지구적 관점에서 자연 세계와의 갈등 상태와 자원 고갈에 무감각한 소비 위주 사회에서 비롯되는 문제를 해결하기 위해서는 새로운 시각을 갖춘 경제법이 필요하다.

생태학과의 접점

오늘날의 문제를 해결하기 위하여 인접 학문에서 어떠한 해결책을 모색하고 있는지 살펴보면 이해가 쉬울 것이다. 경제학에서는 이러한 자연 세계와의 갈등 상태를 해결하기 위해 생태학과의 접점을 모색하고 생태경제학이라는 영역을 새로이 태동시킨 바 있다. 앞서 기존의 경제학과 생태학 간에는 커다란 간극이 존재하였다. 주류경제학은 경제활동을 생산자(기업)와 소비자(가계)라는 경제주체에 의한 재화 및 서비스의 순환으로 파악한다. 즉 생산자는 재화나 서비스를 생산하여 소비자에 판매하고 소비자는 재화나 서비스를 소비하여 자신의 생명을 유지하면서 생산에 필요한 생산요소(노동, 토지, 자본)를 생산자에게 판매

5 웬델 베리, 정경옥 옮김(2004), 『생활의 조건』, 산해, 233~234쪽.
Wendell Berry(1987), *Home Economics*.

6 『왜 자유주의는 실패했는가』, 177쪽.

하는 과정에서 나타나듯이, 주류경제학은 재화·서비스·생산요소가 생산자와 소비자 사이를 끊임없이 순환하는 실물순환 과정으로 경제를 파악한다. 그리고 주류경제학은 이러한 실물순환을 매개하는 화폐를 상정하고 실물순환과 화폐순환의 결합을 국민소득의 순환으로 파악한다.[7]

경제학자들은 자연의 한계 내지 제약을 인식하지 않았으나, 생태학자들은 자연의 한계를 걱정하였고, 또한 생태학자들은 자연에서 암시를 얻어 순환의 관점에서 생각하나 경제학자들은 일회적인 선형 또는 나선형의 관점에서 생각하였다.[8] 또한 생태학자들은 시장을 과소하게 평가하나 경제학자들은 시장에 대해서 과신하는 경향이 있었으며, 경제학자들은 세계경제와 국제무역, 투자의 전례 없는 성장에 고무되어 미래를 더욱 낙관하나 생태학자들은 경제성장이 인위적으로 가격이 낮게[9] 매겨진 화석연료들을 대량으로 이용해서 생긴 결과로 파악하고 그만큼 대기 불안정과 빙산의 해빙, 무더위의 기승을 우려하였고, 경제학자들은 급등하는 경제지표를 중시하는 반면 생태학자들은

7 조영탁(2013), 『한국경제의 지속가능한 발전 전략: 생태경제학의 기획』, 한울, 32쪽.

8 『에코 이코노미』, 23쪽 주 1) 역자 주-"생태학자들은 자연이 반복되는 물질의 순환원리에 입각해 있다는 인식하에 인간의 경제활동 역시 순환의 관점에 입각해야 한다는 견해를 지닌 반면, 경제학자들은 자연의 반복순환체계에 대한 인식이 없이 경제성장을 위해 많은 물질과 에너지를 대량으로 사용하고 그 폐기물을 생태계에 버리는 직선적이고도 일방통행적인 경제활동의 관점을 취하고 있음을 뜻한다."

9 『에코 이코노미』, 24~25쪽은 "휘발유를 살 때 실제로 소비자가 지불하는 것은 석유를 땅에서 채굴해서 휘발유로 정제하고 지방주유소로 수송하는 것에 대해서만이나, 소비자들이 대기오염으로 인하여 발생하는 호흡기 질환을 치료하는 의료비용이나 기후변화로 인한 비용에 대해서는 그 대가를 지불하지 않는다"고 설명한다

경제활동이 예측불허의 지구 기후변화를 야기하고 있다는 점에 주목하였다.[10]

이와 같은 기존의 경제학과 생태학 간의 간극에도 불구하고 전 지구적인 환경 문제가 대두함에 따라 경제학자들이 경제와 지구 생태계 간의 내재적인 의존성을 인식하고 생태학적으로 사고하기 시작하였고 그러한 패러다임의 전환이 이루어짐으로써 경제학과 생태학의 접점이 이루어지고 그 결과 생태경제학이 등장하게 된 것이다.

생태경제학은 주류경제학의 입장이 인간 효용, 화폐 가치화 그리고 시장원리에서 출발하여 자연 생태계를 파악하고 있다고 보고, 이러한 입장은 자연환경의 생태학적 원리와 미래 세대를 소홀히 생각할 가능성이 있다고 진단한다. 생태경제학은 주류경제학의 이러한 한계가 자연 생태계를 사회경제 시스템의 하위 요소, 즉 생산요소 가운데 하나로만 파악하는 데 있다고 보고 그 정정을 시도한다. 그 정정 방식은 자연 생태계를 사회경제 시스템의 한 요소(생산함수의 한 요소)로 파악하는 것이 아니라, 사회경제 시스템을 자연 생태계의 하위 요소로 파악하는 것인 바, 이를 달리 말하면 경제학의 화폐·시장원리에서 출발하여 자연 생태계를 파악하는 것이 아니라 자연 생태계의 생태학적 원리에서 출발하여 사회경제 시스템을 파악하는 방식이다.[11]

생태경제학은 환경파괴적인 경제를 지속가능한 경제로 전환하기 위해서 우리가 지닌 경제적 관점의 코페르니쿠스적 전환, 즉 경제가 지구 생태계의 일부며, 따라서 생태계와 조화를 이루도록 경제구조를 개혁할 때만 지속적인 발전이 가능하다고 인식한다. 그리고 정치지

10 『에코 이코노미』, 23~24쪽.

11 『한국경제의 지속가능한 발전 전략』, 32~33쪽.

도자, 기업가, 투자은행가, 개인소비자 등 경제적 의사결정의 주체들이 생태학적 지속가능성이 아니라 시장의 신호에 따르고 있는데, 시장은 생태학적 진실에 기초해 있지 않으므로 생태학적 가치가 산정되는 방식으로 경제구조를 개혁해야 한다고 역설한다.[12]

새로운 법 영역의 필요성

그렇다면, 경제학 아닌 법학의 관점에서 이와 같이 새롭게 인식된 경제 시스템에서 어떠한 법적 영역이 개척되어야 할 것인가? 오늘날 기후변화, 생물종의 멸종 등 지구의 자연 세계와의 갈등 문제를 해결하기 위하여 법학은 어떻게 기능할 수 있는가?

생태학적 관점의 새로운 경제 시스템에서 기능하는 새로운 법 영역을 이론적·체계적으로 구축할 필요가 있다고 할 것이다. 앞서 본 경제 영역과 지구의 자연 세계와의 갈등 상태 — 기후변화, 자원 고갈, 환경오염, 생물종의 멸종 등 — 라는 시대적 문제[13]를 해결하기 위하여 우리는 새로운 법 영역의 출현을 요구한다. 이러한 요구에 응답한 것이 바로 지구법학(earth jurisprudence)의 등장이다. 새로이 전개된 지구법학의 법이론 또한 새로운 경제법의 탄생을 요구한다.

지금과 같은 추세라면 미래에 세계를 지배하는 주체는 국가라기보다는 시장일 것인데, 자명한 사실은 시장은 법의 지배 없이 올바르게 기능할 수 없으며, 법치주의는 국가가 존재하지 않으면 적용될

12 『에코 이코노미』, 44쪽. 이 책 46쪽에서는 노르웨이와 북해의 에쏘(Esso) 사부사장이었던 오이슈타인 다힐의 다음 발언을 인용하고 있다. "공산주의는 시장가격이 경제적 진실을 은폐하였기 때문에 붕괴하였다. 자본주의는 시장가격이 생태적 진실을 은폐하고 있기 때문에 붕괴하게 될지도 모른다."

13 『에코 이코노미』, 22쪽.

수도 존재할 수도 없고, 국가 또한 실질적인 민주주의국가여야만 비로소 존속할 수 있다.[14] 이는 역으로 실질적인 민주주의국가에서의 법치주의(법의 지배)만이 시장을 올바르게 기능하게 한다는 의미이기도 하다. 이러한 시장과 국가 간의 긴장 관계 속에서 지구법학에 터 잡은 새로운 경제법은 법치주의(법의 지배)의 중요 분과 내지 요소가 될 것이다.

이뿐만 아니라 오늘날 시장과 기업은 국가라는 경계를 벗어나 전 세계를 상대로 글로벌화되고 있음에도 불구하고 법은 국내용으로만 머무르고 있고, 세계적으로 통용되고 적용되는 법은 몇몇 국제조약에 한정되고 있는 실정이다. 지구법학은 국내에만 한정적으로 통용되고 적용되는 지역적 한계성을 벗어나 전 세계에 통용되고 적용되는 법을 창설하여 지구적 문제를 해결하자는 새로운 법적 사고의 토대가 될 수 있다.

법적 주체(법인격)의 확장

생태학적 관점에서 새로운 경제 시스템과 새로이 탄생한 지구법학을 논할 수밖에 없는 시대적 당위성에 앞서, 우리는 기존의 법학체계가 가지고 있는 한정적이고도 한계적인 기본 개념 체계를 살펴볼 필요가 있다. 이 개념을 극복하고 넘어서지 않고서는 새로이 전개되는 법 영역인 지구법을 이해하기 어렵기 때문이다.

14 자크 아탈리, 권지현 옮김(2012), 『세계는 누가 지배할 것인가』, 청림출판, 6~7쪽.

법학의 가장 기본적인 개념 단위는 법적으로 의미를 갖는 주체인 '법인격'이다. 법에서 관계를 규율하는 방식은 각종의 권리와 의무, 그리고 형사 제제와 행정벌과 같은 공법적인 규율인데, 이러한 법적 규율을 받을 수 있는 법적 단위가 법인격이기 때문이다. 법인격이 없는 주체는 법이라는 레이더망에 전혀 인식되지 못한다. 따라서 법인격이 없는 주체에 대하여는 법의 적용이 이루어지지 않는다.

우리는 이러한 법인격이 역사적으로 어떠한 과정을 거쳐 변천되어 왔는지 그 흐름을 살펴봄으로써 법 적용의 역사와 그 시대적 배경을 알 수 있다.

인간 우위

사람인 우리는 일상에서 관계(relation)를 맺고 살아간다. 우리가 관계를 맺는 대상은 사람에만 한정되지 않는다. 사람과 관계하면서 물건을 사고 친밀한 교제를 하기도 하지만, 동물과 교감하기도 하고(과학적 연구 결과에 의하면, 특히 애완견은 유아와 비슷한 지능을 가졌다), 폐로 숲의 공기를 깊이 들이마시기도 하고, 맨발로 해안가의 백사장에서 모래찜질을 하기도 하며, 눈으로 아름다운 풍경을 감상하기도 하고, 부느러운 신선한 바람으로부터 오는 향취를 맡기도 하고, 새소리를 귀로 느끼기도 한다. 우리가 일상에서 주로 관계를 맺는 대상과 방식은 인간과 언어이기는 하나, 때로는 동물이나 식물과 같은 다른 생명체이기도 하고, 공기이기도 하며, 모래, 바람, 경관이기도 하다.

이와 같이 사람이 맺는 관계와 그 대상이 생물(인간·동물·식물)에서 무생물로 그 범주가 넓음에도 불구하고, 과거 통용되는 법률관계는 사람과 사람과의 관계를 규율하는 것으로 수렴되어 있었다. 그러한 연유로 현재의 법체계는 사람 위주이고 사람 중심으로 짜여 있다. 사람이 기본적인 법적 주체 — 법인격 — 인 것이다. 그리고 이후 살펴보듯이 시대의 흐름에 따라 기껏해야 법인이라는 인위적이고도 인공적인 법적 주체를 추가하였을 뿐이다.

법적 주체가 중요한 이유는 법학 사고의 기본 단위이기 때문이다. 법적 주체만이 법적으로 인식되는 단위라 할 수 있다. 법적 주체이기 때문에 권리를 보유할 수 있고, 법적 주체이기 때문에 의무를 부담한다. 만일 어떤 사물에 법적 주체성이 인정되지 아니한다면 아무리 새로운 경제 시스템을 인식·도입하더라도 그 시스템하에서 그 사물은 전혀 법적으로 인식될 수 없고 법적으로 기능하지도 못한다.

법인(法人)의 등장

과거 법적 주체는 사람에게만 있는 것으로 여겨졌고 따라서 사람만이 권리와 의무를 가졌다. 이후 사람 이외에 추가적으로, 아주 예외적으로 권리를 부여한 대상이 있었는데 바로 법인이다. 사람 외에 추가적으로 법인과 같은 법적 주체의 확대가 필요했던 이유는 법률관계를 단순화하고 개인책임을 제한하여 효율적으로 경제생활을 확대하기 위함이었다. 수많은 사람과 자본이 모여 단일의 법인을 만들면, 그 법인은 사람처럼 숨쉬고 걸어다니지만 않을 뿐, 그 외의 법률적 권능은 거의 동일하다. 그 이름으로 경제 거래를 하고 이익을 축적하며 제한된 법적 책임을 지고 사람과 같이 사망의 과정 — 법인의 법적 소멸 — 을 거친다. 법인은 일개 개인이 할 수 없었던 대규모의 경제 거래를 법적 주체로서 할 수 있고 경제 영역을 확대할 수 있었다. 이와 같이 법인은 사람과 거의 유사하게 법적 기능을 수행한다. 말하자면 사람의 아류(亞流)인 것이다.

이와 같이 법은 '사람'과 '사람이 만든 인공적인 가상의 법 구조물(예: 법인인 회사 등)' 외에는 권리의 주체성 부여에 인색하다. '사람' 내지 '사람이 의도적으로 창안한 가상의 단체(예: 법인인 회사 등)'에게만 대체로 법적 권리 내지 법적 주체성(법인격)을 부여한다.[15]

사람인 자연인 외에 법이 인정한 또 다른 권리주체인 법인의 본질을 파악하기 위해서는 19세기 독일에서 벌어진 법인 본질 논쟁의 배경을 살펴보는 것이 도움이 될 것이다. 법인의 본질을 자연인과 달리 의제된 주체로 볼 것이냐, 아니면 자연인과 같은 생명체적 존재로 볼 것이냐 하는 논쟁이었는데, 이러한 논쟁에는 다음과 같은 배경이 있다. 첫째, 개인주의가 바탕이 된 로마법적 시각에서는 법인을 자연인과는 이질적인 존재로서 자연인과 달리 법의 승인을 통해 만들어진 인위적인 권리주체로 인식했음에 반해, 유목과 농경을 중심으로 촌락 공동체를 형성하면서 단체주의가 강조되어온 게르만법적인 시각에서는 개인뿐만 아니라 단체도 엄연한 독자적인 조직체라고 인식하는 차이가 있었다. 둘째, 당시 근대사회 진입에 따른 사회변화로 다양한 사회적 욕구를 충족시키고 경제적 활동의 자유를 증진시키기 위한 단체의 출현이 늘어나면서 국가의 법인 정책의 이론적인 기반을 제공할 필요성이 있었다. 당시에는 국가가 일정한 요건을 갖춘 단체에 한해서 법인을 허가함으로써 그 실체를 인정하고, 존재성을 공시하여 국가가 법인에게도 자연인 못지않은 법적 보호를 할 의무가 있다는 시대적 요구에 직면해 있었던 것이다.[16]

이와 같이 사람 외에 법인에게 법적 주체를 인정한 역사적 배경

15 최근에는 인도의 산(山)이나 뉴질랜드의 강(江)에 대하여 해당 국가의 법원이 법적 주체성-법인격을 인정한 획기적인 사례가 생겼다.

16 송호영(2013), 『법인론』, 신론사, 13쪽.

을 살펴보면, 법적 주체 인정에 관하여 매우 한정적인 태도를 취하고 있는 현재의 법체계가 논리적으로 설득력이 없음을 발견할 수 있다. 더불어 현재의 법체계는 불변의 자연적 진리도 아니며 역사적, 경제적 배경에 따른 당시의 필요에 의해 탄생한 것임을 알 수 있다. 그렇다면 현재의 환경적, 생태적 필요성에 의하여 법적 주체는 새로이 창설될 수도 있고 확대될 수 있음은 당연한 귀결이다. 더구나 장차 법적 주체성을 부여하려는 대상이 법기술적으로 만들어진 가상적인 형태가 아닌 실물적인 형태로 이미 존재하고 있다면 더 말할 필요도 없는 것이다.

지구법학과 새로운 경제법

새로이 등장하는 지구법학은 기존의 법학체계가 가지고 있는 한정적이고도 한계적인 기본 개념 체계를 넘어설 수 있는 새로운 분석의 틀을 제공한다. 과거 근대국가에 진입하면서 법인의 본질에 관하여 치열한 법적 논쟁을 거쳐 새로운 패러다임인 법인이라는 법적 주체가 수용되었듯이, 오늘날에는 기후변화, 자원 고갈이나 환경오염과 같은 전(全) 지구적인 문제를 전 지구적인 법적 관점에서 해결하는 새로운 법적 영역의 창설이 필요한 것이다. 이는 지금까지 인정되어온 법적 주체 외에 전 지구적 관점에서 새로운 법적 주체를 확대하고 편입하여 이를 토대로 경제 시스템을 파악해야 한다는 당위적 요구를 바탕으로 한 것이다.

지구법학 개념을 도입한 토마스 베리에 따르면, 인간은 지구 시스템의 하부 시스템이므로 인간의 최우선적 관심은 지구 시스템을 온전히 보전하는 것이어야 하며, 특히 법학은 인간의 천부적 존엄성만을 우위에 두고 우주나 지구적으로 작동하는 더 큰 원리는 배제하고 있는데, 법학은 인간 공동체가 아닌 지구 공동체를 우위에 두고 새로운 법체계를 도입해야 한다고 설파한다.[17] 이러한 관점에서 보면 인간 외에 현존하는 경제 시스템에서 확고한 법적 주체성을 인정받은 법인(회사 등) 외에도 지구, 동물, 식물, 산, 강, 호수 등 전 지구적 관점에서 고유의 역할을 하고 있는 존재들에게도 법적 주체성을 부여하고 이들도 경제 시스템의 구성 요소로 다루어어야 하는 것이다. 토마스 베리의 위 지적처럼 지구 시스템을 우위에 두는 새로운 법체계를 도입한다면 이것이야말로 생태법학이자 지구법학이라고 명명될 수 있을 것이며, 새로운 경제 시스템하에서 인식된 새로운 법 영역이라고 할 수 있을 것이다.

이뿐만 아니라 새로운 경제법은 경제체제에 있어 발상의 전환을 요구하며 생태학적 모델에 기초한 새로운 경제체제를 모색한다. 찰스 버치·존 캅은 저서 『생명의 해방(*The Liberation of Life: From the Cell to the Community*)』에서 새로운 경제체제는 사회주의와 시장경제 혹은 공산주의와 자본주의라는 기존 체제 간의 선택이 아니라 오히려 그것을 넘어서는 것이라고 주장하는데, 기존의 경제체제는 인간 생명의 생태학적 이해에 기반해 있지 않기 때문이라고 한다.[18] 그에 따르면 기존 경제학의 지배적인 모델은 인간을 상품을 획득하고 소비하는 기호를 가진 개인으로 간주하고 인간의 목표는 상품의 소유와 소비를 증가시키는 것이며, 경제체제가 할 일은 시민이 바라는 것을 만족시켜주도록

17 토마스 베리, 박만 옮김(2015), 『황혼의 사색』, 한국기독교연구소, 17~19쪽.
18 찰스 버치, 존 캅, 양재섭·구미정 옮김(2010), 『생명의 해방: 세포에서 공동체까지』, 나남, 422쪽.

국가 자원을 조직하는 일이다. 생산체제의 본성을 결정하는 것은 경제체제이고, 생산의 효율성에 우선순위를 두며, 삶이나 환경의 질은 부차적인 관심일 뿐이다.[19] 그리하여 기존의 경제체제에서는 생산의 극대화와 적절한 분배를 가로막는 감정이나 신념 혹은 사회생활의 양상(소농들이 자기 땅에 대해서나 농촌 마을의 수많은 관습 및 사회적 관계에 대하여 갖는 감정, 가정붕괴 등)은 종종 미신이나 감상주의로 비치며, 합리적인 산업화 달성과 상업 방식을 농업에 적용하여 규모 있는 경제를 달성하기 위해서는 그러한 결속을 뿌리 뽑는 것이 필요하게 된다.[20]

그러나 이와 반대되는 생태학적 모델에서는 관계가 다른 방식으로 짜이는데, 무엇을 생산하고 무엇을 생산하지 말 것인지를 결정하는 것은 전체 공동체의 기본적 필요이며, 여기서의 경제체제가 할 일은 생태계를 지속가능한 체계로 유지하는 일이다.[21] 생태학적 모델은 건강한 환경 속에서 건강하게 사는 삶을 유지 또는 복원하는 한편, 인간적 필요의 전체 범위를 충족시키는 방안을 탐구하는 데 우선순위를 두며, 이때의 환경은 사회환경과 자연환경 둘 모두를 말하고, 생산의 증대는 흔히 바람직하지만 그것은 지속가능할 때만 그렇고 또한 관계향상을 촉진하는 경우에 한해서뿐이다.[22] 여태 독립적이던 공동체가 좀 더 효율적인 생산을 위해 스스로 아무런 영향도 미치지 못할 국제경제체제에 의존하도록 만드는 것보다는, 비교적 자립적인 공동체가 자신들이 인지하는 필요를 좀 더 적절하게 충족시키도록 돕는 편이

19 『생명의 해방』, 424쪽.
20 『생명의 해방』, 426쪽.
21 『생명의 해방』, 424쪽.
22 『생명의 해방』, 426~427쪽.

훨씬 낫기 때문이다.[23] 이와 같이 생태학적 모델에 기초한 새로운 경제법은 생산의 효율성보다는 삶과 환경의 질에 더 중점을 두며, 공동체적 삶의 양식과 감정, 전통을 중요하게 생각한다. 성장 및 소비 지상주의에서 벗어나 자신과 주변을 돌아보면서 전 지구적 생태 시스템의 한 부분으로 순환의 한 과정임을 파악한다.

오늘날의 지구적 생활양식을 지탱하려면 한 개 반의 지구가 필요한데 이것은 그나마 많은 사람들이 물질적 가난으로 한 개의 지구 수준보다 더 궁핍하게 생활하기 때문이고, 현재 북아메리카는 지구의 약 5배, 유럽은 지구의 약 3배에 달하는 수준의 생활방식을 영위한다. 그리하여 어느 때에 이르면 이 지구의 재생능력을 초과하여 더 이상 재생될 수 없는 자원에 의존해 살게 되면서 돌이킬 수 없는 지점에 도달할지 모른다.[24]

법은 자연과 공동체를 조율하려는 핵심 전략이며 서로를 향한 의무로 이루어진 우리의 사회적·윤리적 행동의 표현인바, 법은 지구 생태계를 규율하는 관계성을 재고하여야 하고 지구의 다른 생명 거주자와 권능을 공유하는 관계적 질서의 표현으로 법을 이해하여야 한다.[25] 이러한 생태적 법질서의 관점에서 새로운 경제법에 요구되는 새로운 관점과 접근방식을 몇 개의 소주제로 나누면 다음과 같다.

23 『생명의 해방』, 426~427쪽.

24 프리초프 카프라, 우고 마테이, 박태현·김영준 옮김(2019), 『최후의 전환』, 경희대학교출판문화원, 220쪽.

25 『최후의 전환』, 9쪽.

법적 주체(법인격: legal person[26])의 확대

앞서 보았듯이 오늘날의 법체계를 기준으로 할 경우 경제 시스템에서 파악되는 법적 주체는 개인과 법인(회사, 단체)이다. 특히 수많은 회사와 기업이 각종의 거래나 경제활동을 영위하면서 법적 관계를 창설해 내고 있다. 그러나 법기술적으로 만들어진 가공의 법적 주체 외에 실체적으로도 존재하면서 경제 시스템 안에 들어와서 고유의 역할을 하고 있는 주체가 있다. 지구, 동물, 식물, 산, 강, 호수 등이 그것이다. 이들에게는 단지 지금까지는 그 필요성이 없다는 이유로 법적 주체성을 굳이 부여하려 하지 않았다. 근대국가로 들어서면서 현실적인 필요에 의해 인위적으로 부여된 법인의 법적 주체성을 감안하면, 법체계라는 것은 철저하게 현실적이고도 기능적인 것임을 알 수 있다.

기존의 경제 시스템은 지구의 살아 있는 시스템과 지구를 구성하는 인간을 포함하는 살아 있는 존재의 건강과 활력을 고려하지 않는다. 이러한 문제점을 인식하여 새로운 접근방법을 취하는 경제 시스템은 지구가 우리에게 속한 것이 아니라, 우리가 지구에게 속한다는 사실을 인정하고 지구에서의 삶에 필수적인 조건을 지속할 수 있도록 미생물, 식물, 동물뿐만 아니라 담수 공급, 대양 및 대기의 화학적 구성, 기압, 대기온도, 기후 안정성, 토양의 비옥도, 삼림 그리고 초지를 유지하고 건강하게 순환할 수 있는 생태계를 고려하고 중시한다.[27]

26 개념 정의는 'A natural or artificial person possessing legal rights and duties' 라고 할 수 있다.

27 데이비드 코튼, 김경식 옮김(2017), 『이야기를 바꾸면 미래가 바뀐다』, 지영사, 163쪽.
David Korten(2015), *Change The Story, Change The Future*, Berrett-Koehler Publishers.

만일 무분별한 성장론자와 개발론자에 의하여 지구, 동물, 식물, 산, 강, 호수 등의 이익과 고유의 권리가 침해된다면 이들에게는 단지 현재의 법체계상 법적 주체성이 인정되지 아니하므로 그들은 끊임없이 훼손당하고 침해를 수인(受忍)해야만 하는 것인가? 일방에 의해 남용되는 이익 추구와 제어되지 않는 권리 실현은 타방의 이익과 고유의 권리를 해치는데, 단지 그들이 전통적인 경제 영역에서 아무런 가치를 인정받지 않았다고 하여 법적 주체성도 부인되고 일방적으로 권리침해를 받아야 하는가? 이러한 근본적인 질문에서부터 전 지구적인 관점에서 법적 접근을 시도하는 지구법학이 탄생한다. 지구법학의 등장은 전 지구적 관점에서 전 지구적 문제를 해결하기 위하여 총체적인 문제의 인식하에 법적 주체를 새로이 확대하고 편입하여 이를 토대로 경제 시스템을 새로이 파악해야 한다는 당위적 요구에 기한 것이다.

토마스 베리는 지구법학 개념을 도입하는 근거로서 인간 공동체가 아닌 지구 공동체를 우위에 두는 새로운 법체계를 든다.[28] 이러한 법체계에 따르면 현재 확고한 법적 주체성(법인격)을 부여받은 기존의 사람, 법인(회사 등) 외에도 지구, 동물, 식물, 산, 강, 호수 등 전 지구적 생태계에서 중요한 역할을 하고 있는 주체들에게도 법적 주체성을 부여하는 것이 논리적으로 가능하다.

자연이 없으면 사람이 없으며, 사람이 없으면 법인도 없고 재산권도 없으며 돈도 없으므로 자연의 권리가 논리적으로 우선권을 가진다.[29] 이 자연의 권리를 보호하기 위하여 자연을 구성하는 지구, 동물, 식물, 산, 강, 호수 등 전 지구적 관점에서 고유의 역할을 하고 있는 존

28 『황혼의 사색』, 17~19쪽.
29 『이야기를 바꾸면 미래가 바뀐다』, 175쪽.

재들에게 법적 주체성을 추가로 부여하여야 한다. 현재의 경제 시스템과 법적 현실에서는 기업(법인)이 독점적인 이익을 추구하기 위하여 토지, 물, 씨앗, 에너지, 보건시설, 교육시설, 그리고 기타 생활에 필수적인 것을 무한으로 독점하는 권리를 제한할 아무런 실제적인 방도가 없다.[30] 지구법학적 관점에서는 기존의 경제 시스템에서는 인식되지도 아니하고 평가되지도 아니하였던 자연체들에게도 법적 주체성을 당연히 부여하게 된다. 그리하여 그들은 독점적이고 약탈적인 세력으로부터 보호될 것이다. 그러므로 새로운 경제법에서는 당연히 법적 주체의 확대가 일어날 수밖에 없다.

비용 산정

전 지구적 관점에서 파악하는 경제 시스템은 보이지 않는 비용도 파악하여 실제 비용에 반영되도록 법제도를 정비할 필요가 있다. 기존의 비용 산정 방법은 전 지구적 관점에서 파악하지 아니하고 보이지 않는 환경 관련 비용은 산입하지 아니하였다. 이러한 견지에서 항공연료를 포함한 모든 에너지 가격에 실제 비용이 반영되도록 조세 제도 등이 정비되어야 할 것이며, 무역 거래에 반영되지 않는 환경비용이나 경제비용은 다른 사람이나 다음 세대에 전가되므로 이를 파악하여 비용에 반영하여야 할 것이고, 무역 거래에서 가격 왜곡을 초래할 수 있는 보조금 지급은 문제가 될 것이다.[31] 미래 세대의 이익을 고려하여 비용을 산정하여 기업을 경영하거나, 아예 기업의 명시적 목적인 이익, 비용

30 『이야기를 바꾸면 미래가 바뀐다』, 177쪽.
31 데이비드 보일, 앤드루 심스, 조군현 옮김(2012), 『이기적 경제학/이타적 경제학』, 사군자, 196쪽.

의 단순한 관점에서 벗어나 사회 공헌 활동을 목적으로 명시하고 있는 사회적기업 활동은 전통적인 비용 산정 개념으로는 설명할 수 없는 새로운 흐름이라고 볼 수 있다.

관계성

기존의 경제 시스템은 재화 증대와 생산량 증대를 통해 국민의 경제적 지위 향상을 주목적으로 하는 국가의 존재를 설정하고, 그러한 목적을 달성하기 위해 국가에게 강력한 권한을 부여한다. 이러한 시스템에서는 국민이 개인으로서 개별적으로 존재하고 파악되므로 개별적 개인을 묶고 지지하는 관계성이나 공동체 관념은 성장에 방해되는 비합리적이고 전근대적인 관념으로 치부될 뿐이다.

변호사이자 과학자였던 베이컨은 인간의 자연 지배를 지지했는데 이는 더욱 강력해진 기술을 통해 계속되는 자연 착취와 자연 파괴를 낳았다. 그러나 베이컨이 살았던 시대에는 숲, 어족 같은 공동자원(common resources)과 전문 직업단체인 길드나 마을 조직 같은 공동체 제도가 엄청나게 풍부했던 반면 제조업과 산업을 발전시키는 데 필요한 자본은 극도로 희소했으므로 개인의 사유재산·주식회사·주권국가·계약책임 및 과실책임의 일반적 면제와 같은 제도를 통하여 위와 같은 공동체 제도가 자본으로 전환될 필요가 있었다. 그런데 이 전환은 300년이 채 못 되어 놀라울 정도로 성공하여 오늘날은 공동체 제도가 극도로 부족하고 자본은 과도하게 풍족한 상태를 경험하고 있는 것이다.[32]

32 『최후의 전환』, 33쪽.

가정, 마을, 씨족과 같은 전통적인 공동체 단위뿐만 아니라 오늘날 여러 가지 의도와 목적으로 조직된 소규모의 모임 및 단체와 같은 공동체 단위들은 지구법적 관점에서나 생태학적 관점에서는 중요한 의미를 지닌다. 이들은 개인을 넘어서서 상호작용하면서 서로가 고립되어 있지 않고 의존하고 지지하는 관계라는 것을 파악한다. 이들은 국가적 경계를 뛰어넘으며 나아가서 전 지구적 관점에서 상호관계성을 파악하고 상호 간에 긴밀하게 연결되어 있음을 인식한다. 새로운 경제 시스템은 이러한 상호관계성을 파악하므로 타인이나 지구를 희생하여 성장을 도모하는 것이 나에게 해로운 일일 수 있음을 인식하게 된다. 새로운 경제법에서는 이러한 관계성을 회복하고 이를 중요시하는 틀에 기초하여 법체계를 수립하게 된다.

지적재산권

지적재산권의 확산을 방지하는 법체계도 모색할 필요가 있다. 지적재산권을 과도하게 보호하면 일반 국민들은 독점 기업에 의존할 수밖에 없으며, 인간을 비롯한 생태계에 재앙적 영향을 미칠 수 있다. 그러므로 개도국의 가난한 사람들의 생명을 구하기 위해서 의약품의 복제 생산이 가능하도록 무역 관련 지적재산권 협정(TRIP's)을 개정하려는 노력이 필요하다. 글로벌 종자기업이 권리를 주장하는 유전자 변형 식품은 환경에 나쁜 영향을 미칠 수 있을 뿐만 아니라, 그 종자가 지적재산권에 의해 보호받고 있기 때문에 농부들이 전통 방식으로 재배하고 사용하던 종자로 파종할 수 없다.

또한 운이 나빠 GM 종자가 자신의 경작지로 우연히 흘러들어와 파종이 된다면 농부들은 손해배상 소송을 당할 수도 있다. 이러한 문제는 농산물의 건강함을 유지하는 데 꼭 필요한 생물적 다양성을 훼

손하므로 이에 대한 대비책이 필요한 것이다.[33]

이러한 관점에서 2016년 유엔 기후변화 기조회의(The United Nations Framework Convention on Climate Change) 21차 당사자 회의(COP: Conference of Parties)에서 지구의 생물다양성을 보전하면서, 지구의 환경을 침해하지 아니하고 조화를 이루며 생존을 영위하고 있는 지역사회와 토착인(원주민)의 지혜와 경험, 관습을 주목하기로 결정하고 이들이 지구환경에 기여하는 삶의 방식을 통해 지혜와 정보를 공유하는 플랫폼을 창설하기로 한 것은 주목할 만한 일이다.

소유권·공유경제

현재의 법적 현실에서는 기업이 독점적인 이익을 뽑아내기 위해서 토지, 물, 씨앗, 에너지, 보건시설, 교육시설 그리고 생활에 필수적인 것을 독점하는 권리를 제한할 아무런 실제적인 방법이 없다. 살아 있는 지구는 창조물이고 지구의 모든 살아 있는 존재의 공동 유산이므로 다른 사람들을 배제하고 이를 소유한 소수의 사람이나 기업이 지구에 대한 권리를 가지고 있다는 생각은 도덕적으로도 치졸한 것이다.[34] 이러한 관점에서 새로운 경제법 내지 경제 시스템에서는 기존의 소유권에 대한 개념 정의를 새로이 할 필요가 있다. 즉 지구의 모든 살아 있는 존재의 권리를 침해하지 않는 새로운 소유권의 의미를 구성할 필요가 있는 것이다.

새로운 경제법의 관점은 인간 사회의 공공성과 공공재를 증진하기 위하여 지금까지의 사적 소유권 개념을 개별주의적·개인주의적

33 『이기적 경제학/이타적 경제학』, 196~197쪽.
34 『이야기를 바꾸면 미래가 바뀐다』, 177쪽.

인 것에서 지구 전체적 관점에서의 관계성으로 전환하는 것이 필수불가결하다고 인식한다.[35]

공유경제의 활성화, 즉 지역 주민들이 조금씩 돈을 모아 지역자산(동네빵집, 카페, 공동주거)을 사들여 주인이 되는 협동조합 형태의 활동은 기존의 소유권의 개념 체제에 이미 균열을 가져오고 있다. 소유자가 자산에 관한 모든 권리뿐만 아니라 자산이 창출하는 이익까지 독점하는 구조인 기존의 소유권 개념을 다양하게 변용시키고 있기 때문이다.

돈의 순환

돈[富]의 순환을 촉진하는 법 제도를 구축할 필요가 있다. 돈이 이미 부자가 된 부유층에게만 흘러가고 또 부유층의 투자를 유인하기 위하여 투자가들에게 너무 많은 보상을 해주고 있기 때문에 경제 시스템에서 돈이 흘러나가고 있는데, 이는 마치 자원이 낭비되고 있는 것과 유사한 현상이라고 할 수 있다.

새로운 경제 시스템에서는, 돈이 국가나 지역에 얼마나 많이 있느냐보다는 어디로 흘러가고, 얼마나 빨리 흘러가며, 누가 갖고 있느냐에 관심이 있다. 즉 돈이 시장에 머무르는지 아니면 세금이나 규제를 회피하기 위하여 역외 신탁되거나 헤지펀드에 투자되어 줄줄 새어나가고 있는지에 관심을 둔다. 예를 들면[36] 대형 슈퍼마켓 체인에서 번

35 Peter D. Burdon(2015), "Private Property Revisited," in *Earth Jurisprudence: Private Property and the Environment*, Chapter 5, Abingdon: Routledge, p. 110.

36 『이기적 경제학/이타적 경제학』, 172~173쪽.

돈 중 일부는 그 지역 근로자에게 지급되나 나머지 돈은 밤새 런던에 보내져 금융시장에서 운용된다. 미국의 인디언 보호구역 사례를 보면, 그들이 번 돈의 75%가 48시간 이내에 그 지역사회를 떠난다. 전기·가스비를 지불하고 대형 슈퍼마켓인 월마트에서 쇼핑하다 보면 번 돈 전부가 결국은 외부인 아칸소주로 매일 밤 빠져나간다. 이에 반하여 소규모 상점들이 모인 지역에서 사람들은 필요한 물건이 있으면 그곳 현지에서 구매한다. 즉 한 가게에서 번 돈을 그 이웃 상점에서 쓰고 그 상점은 지역 내 다른 상점에서 사는 선순환이 계속되어 돈이 돌고 돈다. 양자를 비교해보면 전자의 지역은 경제적으로 황무지가 되는 반면, 후자의 지역은 번성하고 지속가능한 살아 있는 경제를 유지한다. 이러한 현상은 부자가 돈을 벌면 결국은 가난한 사람들에게 흘러들 것이라는 낙수효과에 의문을 제기한다.

나가며

이상에서 본 바와 같이, 계량화된 화폐 위주의 기존 경제 시스템은 사람, 자연을 시장가격에 바탕을 둔 상품화된 자원으로서의 가치만 부여하며 고유의 주체성과 중요성을 부여하지 않는다. 그러나 새로운 경제 시스템과 새로운 경제법은 지구의 살아 있는 순환 시스템을 충분히 이해하고 중요성을 부여한다. 이와 같이 새로운 접근방식은 전 지구적 관점에서 법적 분석을 시도하는데 이것이 지구법학이다. 특히 지구법학은 그동안 기존의 경제 시스템에서는 무시되고 고려되지 않았던 지구, 동물, 식물, 산, 강, 호수 등 전 지구적 관점에서 고유의 역할을 하고 있는 존재들의 중요성을 인식시키고 이들에게 법적 주체성을 확대

부여할 수 있는 근거를 제공한다. 현 법체계에서는 법적 주체성이 인정되어야 법적 권리를 보유할 수 있고 피해에 대한 구제를 통하여 그 회복이 가능하므로 이러한 법적 주체성의 확대는 새롭게 파악되는 경제시스템에서는 중요한 법적 역할을 할 것이다.

특히 오늘날의 경제 시스템은 보이지 않는 환경적 비용은 비용 산정에서 제외하는 맹점이 있는바, 현재 우리가 누리고 있는 편의와 경제성장은 그러한 비용이 제외된 채로 인위적으로 가격이 낮게 매겨진 화석연료들을 대량으로 이용해서 생긴 결과이기도 한 것이다. 여기에는 환경오염, 대기 불안정과 빙산의 해빙, 기후변화로 인해 초래하는 비용이 산정되어 있지 아니하다. 그뿐만 아니라 관계성에 터 잡아 공공재를 확충하고, 기존의 경제체제에 기초한 개별 소유권 개념의 한계를 인식하는 것은 물론 지적재산권의 강화에 따른 부작용도 염두에 두어야 한다.

한계를 인식하지도 아니하고 한계도 설정하지 않은 우리의 현재 경제·에너지 시스템에 대하여 미국의 노예제를 선상에 놓고 비교하는 도발적인 견해도 있다.[37] 즉 미국 노예제 시행 당시 사람들은 노예제가 악의 제도라는 것은 인식하고 있었으나 노예제가 그들의 사회를 지탱하는 경제체제였기 때문에 노예제 없는 그들의 에너지 시스템 내지 삶을 생각할 수 없어 노예의 노동에 대하여 정당한 사회적·경제적 비용을 지불하지 아니하고 이 제도를 유지할 수밖에 없었다.[38] 이것

37 David Grinspoon(2016), *Earth in Human Hands*, Grand Central Publishing, pp. 140-141.

38 노예제의 전제 중 하나가 정당한 사회·경제적 비용 지불 없이 노동을 착취하는 것이다.

은 오늘날 우리가 이용하고 있는 풍부한 에너지가 대부분 환경파괴적인 방법(예: 화석연료 등)으로 얻어져 우리가 도덕적으로 옳지 않다고 인식함에도 불구하고 그것에 기반하고 있는 편리한 기계문명을 포기할 수 없어 여전히 이 시스템에 의존하여 우리 사회를 지탱하며 그에 따른 정당한 사회적·경제적 비용을 지불할 생각이 없는 현상과 궤를 같이한다는 것이다.

노예제는 그 모순과 자체의 해악성으로 인하여 결국 폐지되었다. 물론 과거 무상의 노동력 제공(에너지 시스템 제공)을 가능하게 했던 노예제에 대한 비용을 이후에라도 지불한 적은 없고 여러 가지 측면에서 부채적인 요소로 남아 있다. 오늘날 자연환경 파괴적인 현재의 에너지 이용 시스템에 대하여 우리는 보이지 않는 비용이라고 하여 비용 산정에서 제외한다. 우리는 단지 풍부한 에너지와 그에 따른 경제 시스템을 향유하고 있으면서 그 편리함에 젖은 나머지 지구환경 파괴에 대하여 비용은 지불하지 아니하면서 도덕적인 죄책감 정도만 느낀다. 우리에게 지구, 동물, 식물, 산, 강, 호수는 노예인가?

참고문헌

권오승(2015). 『경제법』. 법문사.

데이비드 보일(David Boyle), 조군현 옮김(2012). 『이기적 경제학 이타적 경제학』. 사군자.

데이비드 코튼(David Korten), 김경식 옮김(2017). 『이야기를 바꾸면 미래가 바뀐다』. 지영사.

레스터 브라운(Lester Brown), 한국생태경제연구회 옮김(2003). 『에코 이코노미』. 도요새.

송호영(2013). 『법인론』. 신론사.

웬델 베리(Wendell Berry), 정경옥 옮김(2004). 『생활의 조건』. 산해.

자크 아탈리(Jacques Attali), 권지현 옮김(2012). 『세계는 누가 지배할 것인가』. 청림출판.

조영탁(2013). 『한국경제의 지속가능한 발전 전략: 생태경제학의 기획』. 한울.

찰스 버치(Charles Birch), 존 캅(John B. Cobb), 양재섭·구미정 옮김(2010). 『생명의 해방: 세포에서 공동체까지』. 나남.

토마스 베리(Thomas Berry), 박만 옮김(2015). 『황혼의 사색』. 한국기독교연구소.

패트릭 J. 드닌(Patrick J. Deneen), 이재만 옮김(2019). 『왜 자유주의는 실패했는가』. 책과함께.

프리초프 카프라(Fritjof Capra), 우고 마테이(Ugo Mattei), 박태현·김영준 옮김(2019). 『최후의 전환』. 경희대학교출판문화원.

Burdon, Peter(2015). *Earth Jurisprudence: Private Property and the Environment*. Abingdon; Routledge.

Grinspoon, David(2016). *Earth in Human Hands*. Grand Central Publishing.

Victor, Peter(2019). *Managing without Growth: Slower by Design, Not Disaster*. Edward Elgar.

찾아보기

ㅇ

ㅈ

저자소개 (게재순)

강금실

- 서울대학교 법과대학(법학사), 가톨릭대학교 생명대학원(생명문화학 석사)
- 사법연수원 13기, 제55대 법무부 장관, 국가기후환경회의 자문위원
- 법무법인(유) 원 대표변호사, 강원문화재단 이사장, 지구와사람 대표
- 저서: 『생명의 정치』(로도스, 2012)

박태현

- 강원대학교 법학전문대학원 교수(환경법·환경소송/법조실무)
- 법제처 법령해석심의위원회 위원, 강원도 행정심판위원회 위원, 서울특별시 환경분쟁조정위원회 위원
- 논문:
  - 「기후변화소송과 파리협정」(『환경법과 정책』 23, 2019)
  - 「에콰도르 헌법상 자연의 권리, 그 이상과 현실」(『환경법연구』 41(2), 2019) 외
- 역서:
  - 『야생의 법: 지구법 선언』(로도스, 2016)
  - 『최후의 전환』(공역)(경희대학교출판문화원, 2019)

최선호

- 서울대학교 법과대학(법학사), 서울대학교 대학원(법학석사), 가톨릭대학교 생명대학원(생명윤리학 석사), 사법연수원 22기, 변호사
- 한국토마스베리협회 총무, 한국천주교주교회의 생태환경위원회 위원, 생명윤리위원회 위원, 사단법인 수단어린이장학회 이사장, 중앙행정심판위원

정혜진

- 전 영남일보 환경 담당 기자, 영국 Goldsmiths College, University of London(MA in Cultural Studies), 강원대학교 법학전문대학원, 변호사시험 제1회, 변호사
- 저서: 『태양도시』(그물코, 2004), 『착한 도시가 지구를 살린다』(녹색평론, 2007), 『변론을 시작하겠습니다』(미래의창, 2019)

김연화

- 강원대학교 법학전문대학원, 변호사시험 제1회, 기업 사내 변호사
- 환경정의연구소 법제도위원회 위원, 환경부 환경오염피해 소송지원 변호인단

조상미

- 영남대학교 정치외교학과, 미국 Ball State University(정보통신학 석사), 미국 Ball State University(정치학 석사), 미국 University of Denver(Juris Doctor)
- 미국 뉴욕주 변호사, 기업 사내 변호사

오동석

- 서울대학교 법학사, 법학석사, 법학박사
- 아주대학교 법학전문대학원 교수, 한국경찰법학회 전 회장, 헌법재판소 헌법 및 헌법재판제도 연구위원회 위원, 경찰청 인권위원회 위원
- 논문:
  - 「사상·양심의 자유와 국가안보: '불온할 수 있는 자유'를 옹호함」
  - 「인권을 통해 본 시민자치와 민주주의」
  - 「지방분권개헌안의 주요 쟁점과 방향」
  - 「일제고사 거부와 학교민주주의」
  - 「유신헌법의 불법성」

강정혜

- 서울대학교 법과대학(법학사), 미국 U. C. Berkeley(법학석사)
- 서울시립대학교 법학전문대학원 교수
- 한국환경법학회 부회장, 사법연수원 21기, 법무법인 광장 변호사, 국민권익위원회 비상임위원, 진실과 화해를 위한 과거사정리위원회 비상임위원, 중앙환경분쟁조정위원회 위원
- 논문:
  - 「용산공원 조성 특별법에 대한 소고」
  - 「환경오염피해 구제와 환경분쟁조정위원회의 기능관계」
  - 「영국의 공동체이익회사(Community Interest Company)에 대한 논고」
  - 「사회적기업에 대한 법적 고찰」 외 다수